사진과 그림으로 보는 세상
공룡 백과

사진과 그림으로 보는 세상
공룡 백과

존 우드워드 글 / 대런 내쉬 자문 / 이한음 옮김

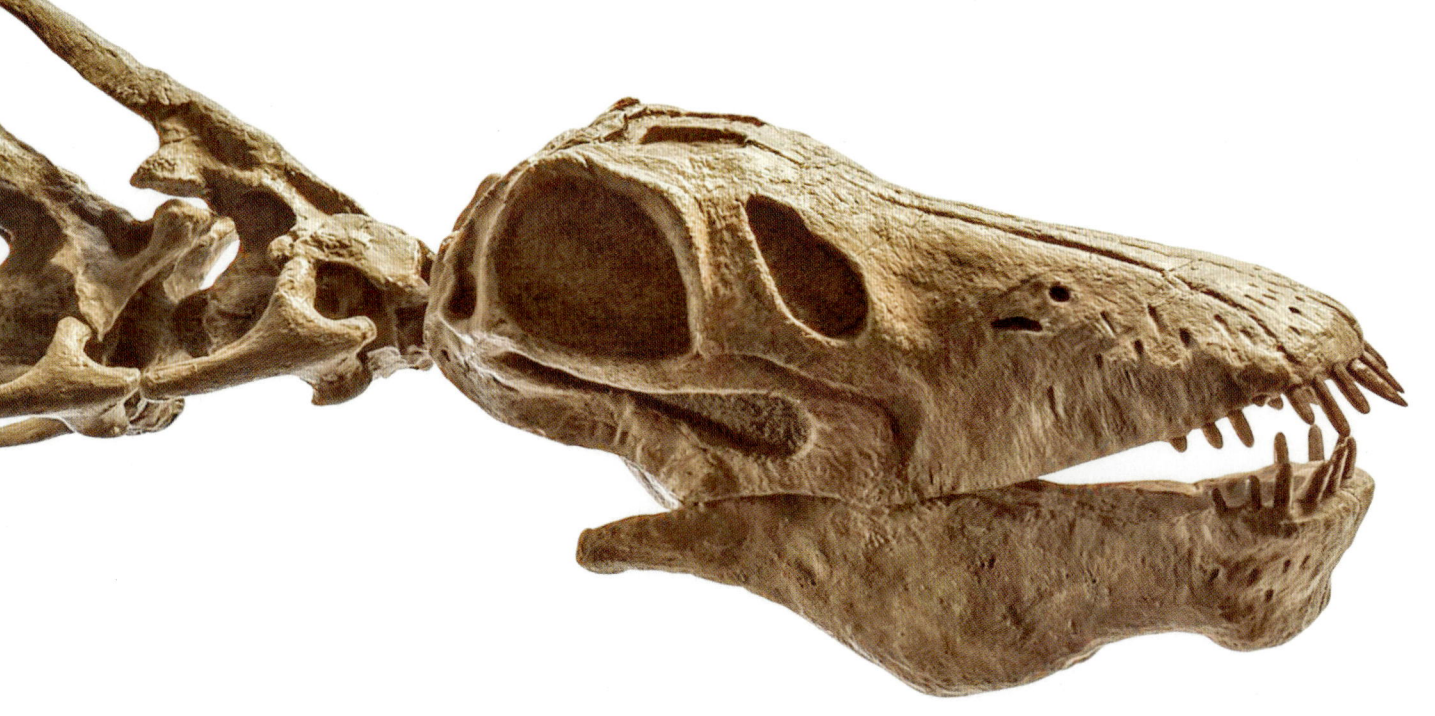

비룡소

지은이 존 우드워드
논픽션 전문 작가이며, 어린이를 위한 과학 책을 많이 썼다.
공룡을 비롯한 동물과 지구, 환경에 관심이 많다.
지은 책으로 『숲 속의 건축가』, 『생생 클로즈업! 공룡 체험관』,
『지식의 백과사전: 공룡』, 『상어 전쟁』 등이 있다.

자문 대런 내쉬
고생물학자이자 과학 전문 작가이다. 공룡과 해양 파충류,
다른 동물에 대해 연구하고 글을 쓰며 강연을 하고 있다.

옮긴이 이한음
서울대학교에서 생물학을 공부했고,
지금은 과학 저술가이자 번역가로 일하고 있다.

사진과 그림으로 보는 세상
공룡 백과

1판 1쇄 펴냄 - 2020년 5월 15일
1판 3쇄 펴냄 - 2024년 11월 30일

지은이 존 우드워드 **자문** 대런 내쉬 **옮긴이** 이한음
펴낸이 박상희 **편집장** 박지은 **편집** 김지호 **디자인** 이현숙
펴낸곳 (주)비룡소 **출판등록** 1994.3.17.(제16-849호)
주소 06027 서울시 강남구 도산대로1길 62 강남출판문화센터 4층
전화 02)515-2000 **팩스** 02)515-2007 **홈페이지** www.bir.co.kr
제품명 어린이용 각양장 도서 **제조자명** Golden Prosperity Printing & Packing Co., Ltd.
제조국명 중국 **사용연령** 3세 이상

Original Title: The Dinosaurs Book: Our World in Pictures
First published in Great Britain in 2018 by
Dorling Kindersley Limited
DK, One Embassy Gardens, 8 Viaduct Gardens, London, SW11 7BW

Copyright © 2018, 2023 Dorling Kindersley Limited
A Penguin Random House Company
All rights reserved.

Korean Translation Copyright © 2020 by BIR Publishing Co., Ltd.
This Korean translation edition is published by arrangement with
Dorling Kindersley Limited, London.

이 책의 한국어판 저작권은 저작권사와 독점 계약한 (주)비룡소에 있습니다.
저작권법에 의해 한국 내에서 보호를 받는 저작물이므로
무단 전재와 무단 복제를 금합니다.
ISBN 978-89-491-5293-6 74470
ISBN 978-89-491-5290-5 (세트)

이 도서의 국립중앙도서관 출판시도서목록(CIP)은
서지정보유통지원시스템 홈페이지(http://seoji.nl.go.kr)와
국가자료공동목록시스템(http://www.nl.go.kr/kolisnet)에서
이용하실 수 있습니다. (CIP제어번호 : CIP2020002296)

www.dk.com

차례

머리말	6
생명의 연대표	8
변화하는 행성	10
화석의 종류	12
화석의 발견	14
생명의 기원	16
역사적 전환	18
진화와 멸종	20
척추동물	22
공룡이란 무엇일까?	24
공룡의 몸속	26
공룡 이전 시대	**28**
최초의 동물	30
생존에 알맞은 몸	32
돌에 박힌 화석	34
삼엽충	36
어류의 시대	38
어류의 갑옷	40
초기 육상 생물	42
거대한 나무	44
절지동물의 왕국	46
하늘을 나는 거인	48
초기 양서류	50
파충류의 등장	52
파충류의 분화	54
굶주린 사냥꾼	56

공룡의 시대　58

최초의 공룡들	60
원시용각류	62
용각류	64
유연한 목	66
티타노사우루스류	68
발자국과 보행렬	72
스테고사우루스류	74
공룡의 꼬리	76
치명적인 가시	78
안킬로사우루스류	80
공룡의 방어	82
이구아노돈류	84
초식 공룡들	86
하드로사우루스류	88
멋진 볏	90
공룡의 알	92
공룡 어린이집	94
파키케팔로사우루스류	96
뿔룡	98
머리 맞대결	100
무리	102
초기 수각류	104
스피노사우루스류	106
알로사우루스류	107
날카로운 이빨	108
티라노사우루스류	110
최고의 사냥꾼	112
타조공룡류	114
오비랍토르사우루스류	116
손과 팔	118
보호하는 날개	120
테리지노사우루스류	122
날카로운 손발톱	124
드로마이오사우루스류	126
이빨 난 독수리	128

공룡의 이륙　130

피부, 비늘, 깃털	132
깃털 난 사냥꾼	134
최초의 이륙	136
날아오르다	138
초기 조류	140
거대한 새	142
날래디날랜 포식자	144

익룡의 출현　146

초기 익룡	148
후기 익룡	150
허공을 맴도는 포식자	152
화려한 볏	154

해양 세계　156

중생대 해양 생물	158
초기 해양 파충류	160
지느러미발과 꼬리	162
거대 해양 파충류	164
매복 사냥꾼	166

포유류의 등장　168

새로운 세계	170
호박에 갇힌 동물	172
최초의 포유류	174
거대한 나무늘보와 아르마딜로	176
몸 감싸는 법	178
거대 유대류	180
거대 초식 동물	182
뿔	184
강력한 포식자	186
포유류의 이빨	188
칼이빨호랑이의 추격	190
빙하기의 거인	192
영장류	196
초기 인류	197
과거를 들여다보는 창	198

용어 설명	200
찾아보기	204

스티라코사우루스
파키케팔로사우루스
기간토사우루스

머리말

지구에는 놀라울 만치 다양한 생물이 산다. 지금도 매일같이 새로운 생물이 발견될 정도다. 과학자들이 지금까지 발견하여 조사하고 이름을 붙인 생물은 200만 종(생물의 종류)이 넘는다. 앞으로도 아마 수백만 종은 더 발견될 것이다. 그러나 현재 살아 있는 생물들은 지금까지 지구에 살았던 종들 전체로 보면 아주 적다. 1억 년 전으로 거슬러 올라가면, 지금처럼 많은 동식물들이 살고 있겠지만 아마 어떤 생물도 알아볼 수 없을 것이다(이 책을 미리 읽어 두지 않았다면 말이다).

약 200년 전만 해도, 그렇다는 사실을 깨달은 사람도 전혀 없었다. 당시 사람들은 주변에서 보는 동물들이 언제나 있어 왔으며, 세상은 시간이 흘러도 변하지 않는다고 생각했다. 그러다가 18세기 말에 과학자들은 암석에서 발견되는 기이한 모양들을 살펴보기 시작했다. 이윽고 그 무늬들이 화석임을, 즉 돌로 변한 고대 생물의 흔적임을 알아차렸다. 화석은 대부분 조개류처럼 친숙한 모양을 하고 있었지만, 아주 특이한 모양을 한 것들도 있었다. 인류 역사가 시작되기 수백만 년 전에 살았던 거대한 동물의 엄청나게 큰 뼈, 머리뼈, 이빨의 화석들도 있었다.

과학자들은 지구에 생명이 시작된 시기인 약 38억 년 전까지 거슬러 올라가는 화석들을 조사함으로써, 생명의 역사를 거의 대부분 끼워 맞출 수 있었다. 그 역사에서 가장 흥미로운 기간으로 손꼽을 만한 시대는 약 2억 3000만 년 전에 시작되었다. 최초의 공룡이 등장하면서다. 그 뒤로 1억 6400만 년 동안, 공룡은 진화를 거듭하면서 지구를

스키아도피톤
플레게톤티아
코리토사우루스

돌아다닌 가장 놀라운 육상 동물들이 되었다. 몸무게가 코끼리 12마리와 맞먹는 거대한 공룡들, 단단한 뼈를 꿰뚫을 수 있는 무시무시한 사냥꾼들, 온갖 기이한 뿔이나 볏이나 깃털을 지닌 공룡들도 있었다.

    이 거대한 공룡들은 6600만 년 전에 일어난 대격변으로 모두 사라졌다. 그러나 공룡의 화석은 남았으며, 함께 발견되는 화석들에는 몸집이 더 작으며 하늘을 날 수 있었던 깃털 달린 친척들도 있었음을 보여 준다. 깃털 달린 공룡 중 일부는 재앙을 견디고 살아남아서, 조류로 진화하여 새로운 시대를 열었다. 따라서 화석은 우리에게 먼 과거의 생물들만이 아니라, 오늘날 우리가 매일 주위에서 보는 동물들에 관한 놀라운 사실들도 알려 준다.

존 우드워드

이 책 곳곳에는 공룡의 크기를 알 수 있도록 어린이, 스쿨버스, 손의 크기와 비교한 그림들이 실려 있어요.

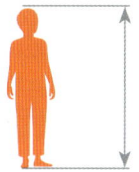
어린이 키=1.45m

스쿨버스 길이=11m

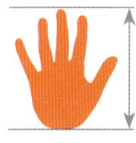
손 길이=16cm

생명의 연대표

지구 생명의 역사는 암석에 적혀 있다. 호수나 바다 밑바닥에 쌓이는 모래와 진흙 같은 퇴적물들은 수백만 년에 걸치는 세월 동안 단단히 굳어서 층을 이루는 퇴적암이 된다. 이 고대의 퇴적층에는 선사 시대 생물들의 잔해가 화석으로 간직되어 있다. 지층마다 역사의 다른 시기에 살던 생물들의 모습이 담겨 있다.

찾아보기
- 지구 초기
- 고생대
- 중생대
- 신생대

▶ 2억 5200만~2억 100만 년 전

트라이아스기
파충류가 지배한 시대다. 파충류에서 최초의 공룡, 최초의 하늘을 나는 파충류, 최초의 진정한 포유류가 등장했다. 이 포유류는 땃쥐만 했다. 악어와 거북도 출현했고, 거대한 수생 파충류가 바다를 돌아다녔다.

아우스트리아닥틸루스

▶ 2억 100만~1억 4500만 년 전

쥐라기
쥐라기에는 브라키오사우루스 같은 거대한 초식성 용각류와 그들을 먹는 거대한 수각류가 번성했다. 몸집이 작은 수각류는 조류로 진화했다. 사막이 줄어들고, 침엽수, 남양삼나무, 양치류의 숲이 육지를 뒤덮었다.

알로사우루스

2억 9900만~2억 5200만 년 전 ◀

페름기
기후가 건조해지면서 숲이 줄어들고 사막이 늘어났다. 파충류와 친척 동물인 단궁류가 육지를 지배했다. 물에서 번식을 하는 양서류와 달리, 파충류는 방수가 되는 알을 낳았기에 육지에서 번식할 수 있었다. 페름기가 끝날 때 지구 생물 종의 대다수가 멸종했다. 아마도 지구 온도가 오르고 바닷물의 화학 성분에 주요 변화가 일어났기 때문일 것이다.

모스콥스

에다포사우루스

46억~5억 년 전

선캄브리아대
지구 역사의 약 90퍼센트를 차지하는 아주 긴 기간이다. 이 기간의 대부분에는 남세균 같은 단세포 해양 생물들만 살았다. 약 6억 년 전 지구에 나타났던 식물인지 동물인지 모를 잎 모양의 더 큰 생물들의 화석이 발견된다. 에디아카라 생물군이라고 하는 이 수수께끼의 생물들은 선캄브리아대 말에 사라졌다.

남세균(시아노박테리아)

▶ 5억 4100만~4억 8400만 년 전

캄브리아기
다양한 새로운 동물 화석들이 발견되는 시기다. 갑자기 진화가 왈칵 일어난 양, 최초의 다리, 머리, 감각 기관, 껍데기, 겉뼈대를 지닌 동물들이 출현했다. 그래서 캄브리아기 대폭발이라고 한다. 현재 살고 있는 주요 무척추동물 분류군들은 모두 이 시기에 출현했다. 연체동물과 절지동물에서 헬리코플라쿠스(불가사리의 친척) 같은 극피동물까지 다 이때 등장했다.

헬리코플라쿠스

지질 시대

지구의 역사는 46억 년 전에 시작되었다. 이 기나긴 세월은 '대'라는 단위로 나뉘고, 대는 다시 '기'라는 단위로 나뉜다. 한 예로, 쥐라기는 많은 공룡들이 살던 시기다. 각 기는 해당 시기의 퇴적암 층의 이름을 따서 붙였다. 퇴적암에는 기마다 독특한 화석들이 들어 있다.

▶ 2300만~200만 년 전

신제3기
포유류와 조류가 오늘날 알아볼 수 있는 형태로 진화했다. 우리 유인원 조상들은 나무 위에서 내려와 두 다리로 초원을 걷는 생활 습관에 적응했다.

드리오피테쿠스

200만 년 전~현재

제4기
이 시기에 우리 조상들은 뇌가 점점 커졌고, 점점 더 창의적인 사냥 도구를 발명하고, 불을 피우고, 집을 짓고, 옷을 짓고, 경작을 했다.

호모 하빌리스

6600만~2300만 년 전 ◀

고제3기
거대한 공룡들이 죽자 포유류는 그 자리를 대신할 수 있었다. 작은 야행성 동물이었던 포유류는 육지와 바다에서 아주 다양한 동물들로 진화했다. 거대한 초식 동물인 우인타테리움도 그중 하나였으며, 엄청난 양의 식물을 먹고 소화할 수 있도록 특별히 적응하며 진화했다.

우인타테리움

▶ 1억 4500만~6600만 년 전

백악기
육식성 티라노사우루스와 초식성인 케라톱스 같은 공룡들이 살았다. 케라톱스류는 얼굴에 난 뿔, 목의 주름장식, 부리 모양의 입이 특징이었다. 몇몇 조류를 제외하고, 공룡은 모두 백악기 말에 대량 멸종으로 사라졌다. 다른 동물들도 함께 많이 사라졌다.

트리케라톱스 · 이크티오르니스 · 목련속

▶ 3억 5900만~2억 9900만 년 전 ◀

석탄기
이 시기에 만들어진 지층에 쌓인 석탄이라는 탄소 퇴적물 때문에 석탄기라고 불린다. 석탄은 육지를 뒤덮었던 무성한 우림의 화석이다. 석탄기 숲에는 거대한 노린재, 거대한 잠자리처럼 생긴 곤충, 데본기 어류에서 진화한 초기 양서류가 살았다.

메가네우라 · 시길라리아

4억 1900만~3억 5900만 년 전 ◀

데본기
어류가 바다를 지배했다. 그래서 어류의 시대라고도 한다. 당시 가장 큰 어류는 판피류였다. 판피류는 적의 이빨로부터 몸을 보호하기 위해 갑옷을 입었고 턱이 있는 물고기였다.

롤포스테우스

▶ 4억 8500만~4억 4400만 년 전

오르도비스기
지표면의 많은 곳이 따뜻한 바다에 잠겨 있었다. 나중에 북아메리카가 될 대륙은 물속에 있었다. 바다에는 삼엽충이 우글거렸다. 커다란 쥐며느리처럼 생긴 이 동물들은 바다 밑을 기어 다니거나 새우처럼 헤엄쳤다. 최초의 어류와 불가사리도 출현했고, 단순한 모양의 식물들이 육지에 자리를 잡기 시작했다.

삼엽충 화석

▶ 4억 4400만~4억 1900만 년 전

실루리아기
산호초가 번성했고, 그곳에서 최초의 경골어류와 빨판이 달린 입이 아니라 물어뜯는 강력한 턱을 지닌 최초의 어류가 살았다. 육상 식물은 아직 작지만, 나중에 굵은 줄기로 높이 자라는 나무로 진화하는 데 필요한 튼튼한 물관을 갖추기 시작했다.

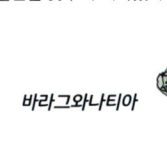

바라그와나티아

변화하는 행성

만약 시간을 거슬러 중생대로 거슬러 올라가면, 지구는 매우 낯설게 보일 것이다. 공룡의 시대다. 대륙들은 지금과 다른 모습이었고, 기후는 더 더웠고, 낯선 선사 시대 식물들이 육지의 많은 부분을 뒤덮고 있었다. 공룡과 그 친척들은 거의 1억 7500만 년 동안 이 세계를 지배했다. 중생대의 기나긴 세월은 트라이아스기, 쥐라기, 백악기로 나뉜다. 각 기마다 독특한 동식물들이 살았다.

2억 5200만~2억 100만 년 전

코엘로피시스

쇼니사우루스

플라케리아스

쇠뜨기

은행나무

이끼

트라이아스기 세계

트라이아스기가 시작될 때, 대륙들은 하나로 모여서 판게아라는 초대륙을 이루었다. 판게아의 안쪽은 사막이었지만, 해안 쪽 기후는 더 습했다. 그래서 은행나무와 거대한 쇠뜨기가 숲을 이루었다. 이 시기에 공룡도 처음 등장했다. 두 발로 걷는 작은 육식 공룡이었다. 같은 시기에 플라케리아스라는 엄니가 튀어나온 땅딸막한 초식 동물도 살았다. 초기 포유류의 친척이었다.

2억 100만~1억 4500만 년 전

1억 4500만~6600만 년 전

쥐라기 세계

초대륙 판게아는 쥐라기 때 지구 내부에서 화산들이 폭발하면서 쪼개졌다. 두 개의 커다란 대륙이 생겨났다. 그 사이로 습한 바닷바람이 불면서 비를 몰고 와서 사막이 있던 곳에도 숲이 들어설 수 있었다. 공룡은 육지를 지배하게 되었고, 일부는 바라파사우루스처럼 목이 긴 거대한 초식 공룡으로 진화했다. 아르카이옵테릭스처럼 깃털이 달리고 하늘을 나는 공룡도 최초로 등장했다. 새처럼 생긴 포식자로서 시조새로 불린다.

아르카이옵테릭스

바라파사우루스

석송

양치류

벨로키랍토르

알사사우루스

세쿼이아

아르카이안투스

모사사우루스

백악기 세계

백악기에 대륙들은 더 갈라져 이동하여 현재와 비슷해졌다. 대륙의 이동 속도는 발톱이 자라는 속도와 비슷했다. 쥐라기에 처음 등장했던 꽃식물은 나무로 진화하여 다른 식물들을 대체했다. 뒷발에 갈고리처럼 생긴 무서운 발톱이 달린 작은 포식자인 벨로키랍토르와 깃털 달린 초식 공룡인 알사사우루스를 비롯하여 많은 종류의 공룡이 살았다.

변화하는 행성

화석의 종류

현재 우리가 고대 생물에 대하여 알고 있는 지식은 대부분 화석을 통해 얻은 것이다. 화석은 암석에 갇힌 고대 생물의 잔해다. 과학자들은 퇴적암과 그 안에 든 화석을 연구하여 지구 생명의 기록을 끼워 맞춘다.

천연 거푸집 화석
화석은 다양한 방식으로 만들어질 수 있다. 가장 흔한 화석 중에는 석고로 본을 뜬 것 같은 화석도 있다. 이런 거푸집 안에 광물이 채워지면서 몸의 일부나 전부가 고스란히 복제된다. 이 암모나이트 거푸집은 부드러운 조직이 썩어 사라진 뒤에 광물이 나선 껍데기 안쪽을 채워서 생겨났다.

암모나이트 거푸집

화석이 생기는 과정

옛날에 살았던 동물 중에서 화석이 되어 오늘날까지 전해지는 동물은 아주 적다. 육상 동물의 화석은 더욱 적다. 여러 가지 환경 조건이 딱 맞아야만 화석이 만들어질 수 있기 때문이다. 화석이 되려면, 죽은 뒤 다른 동물에게 먹히지 않은 채 그대로 남아 있어야 한다. 또 진흙이나 모래로 덮여야 한다. 그 상태로 수백만 년을 묻혀 있어야 서서히 암석으로 변한다. 그런 뒤에 깊이 묻혀 있던 암석이 지질학적 작용으로 다시 지표면으로 올라와야 비로소 화석으로 발견된다.

물에 빠져 죽은 티라노사우루스의 몸이 강과 바다가 만나는 삼각주의 진흙 바닥으로 가라앉는다.

공룡이 익사한다

살은 천천히 썩고, 뼈와 이빨 같은 단단한 부위만 남는다.

살이 썩는다

수천 년에 걸쳐서 진흙과 모래가 계속 쌓여서 뼈를 덮어 묻는다.

퇴적층이 쌓인다

흔적 화석
발자국, 굴, 둥지, 배설물 등 생물의 활동을 기록한 화석을 흔적 화석이라고 한다. 발자국 화석은 동물이 어떻게 움직였는지를 이해하는 데 도움을 준다.

지배파충류 발자국

이 거푸집 화석은 삼엽충의 모양을 본떴다.

주형 화석
주형 화석은 거푸집과 같은 방식으로 형성되지만, 생물의 모습을 본뜬 것이 아니라 생물의 모습이 암석에 그대로 찍힌 것이다. 삼엽충은 허물을 벗으면서 자라는 해양 생물로 당시에 아주 흔했다. 삼엽충이 남긴 허물은 아주 많이 화석으로 남았다.

삼엽충 주형

이 주형 화석은 암석에 찍힌 삼엽충의 모양을 그대로 담고 있다.

광물화 화석
화석은 대부분 광물화라는 과정을 통해 생긴다. 퇴적층으로 스며드는 물이 생물의 뼈와 침전물 같은 잔해를 서서히 녹이고, 대신 광물질이 쌓이면서 뼈가 서서히 암석으로 바뀐다.

석화한 나무

석화
나무줄기는 석화라는 과정을 통해서 통째로 화석이 될 수 있다. 석화는 나무의 세부 구조까지 그대로 보존한다. 먼저 땅에 묻힌 나무에 지하수가 스며들어서 나무속의 미세한 공간에 규소 결정이 쌓인다. 그 다음에 서서히 광물이 나무 섬유를 대체하면서 줄기를 돌로 바꾼다.

호박
선사 시대 동물의 몸 전체가 보존된 화석은 적다. 호박은 나뭇진이 굳어서 화석이 된 투명한 노란색 물질이다. 나무에서 끈적거리는 진이 스며 나올 때 작은 동물이 갇히곤 하며, 그대로 굳은 것이 호박 화석이다.

호박에 갇힌 선사 시대 파리

물이 스며들어 뼈를 광물로 대체하면서, 뼈가 암석으로 변한다.

뼈가 암석으로 변한다

수백만 년에 걸쳐서 대륙이 움직이고, 공룡 화석이 바다 위로 올라온다.

대륙이 이동한다

빙하 작용 같은 과정을 통해서 퇴적암이 풍화된다.

지표면이 침식된다

침식으로 마침내 화석이 드러나면, 고생물학자들이 발굴할 수 있다.

화석 발견!

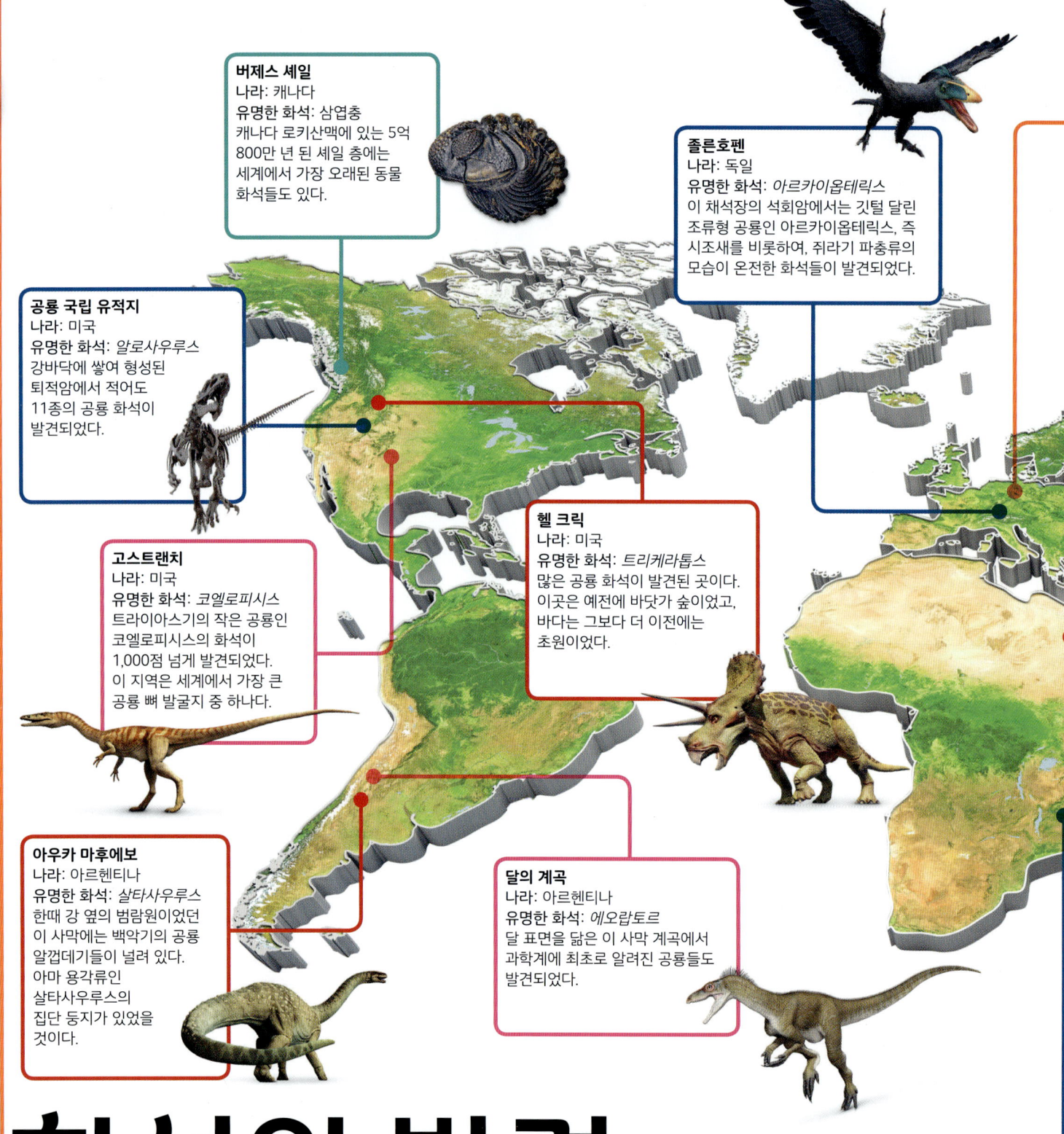

버제스 셰일
나라: 캐나다
유명한 화석: 삼엽충
캐나다 로키산맥에 있는 5억 800만 년 된 셰일 층에는 세계에서 가장 오래된 동물 화석들도 있다.

졸른호펜
나라: 독일
유명한 화석: *아르카이옵테릭스*
이 채석장의 석회암에서는 깃털 달린 조류형 공룡인 아르카이옵테릭스, 즉 시조새를 비롯하여, 쥐라기 파충류의 모습이 온전한 화석들이 발견되었다.

공룡 국립 유적지
나라: 미국
유명한 화석: *알로사우루스*
강바닥에 쌓여 형성된 퇴적암에서 적어도 11종의 공룡 화석이 발견되었다.

헬 크릭
나라: 미국
유명한 화석: *트리케라톱스*
많은 공룡 화석이 발견된 곳이다. 이곳은 예전에 바닷가 숲이었고, 바다는 그보다 더 이전에는 초원이었다.

고스트랜치
나라: 미국
유명한 화석: *코엘로피시스*
트라이아스기의 작은 공룡인 코엘로피시스의 화석이 1,000점 넘게 발견되었다. 이 지역은 세계에서 가장 큰 공룡 뼈 발굴지 중 하나다.

아우카 마후에보
나라: 아르헨티나
유명한 화석: *살타사우루스*
한때 강 옆의 범람원이었던 이 사막에는 백악기의 공룡 알껍데기들이 널려 있다. 아마 용각류인 살타사우루스의 집단 둥지가 있었을 것이다.

달의 계곡
나라: 아르헨티나
유명한 화석: *에오랍토르*
달 표면을 닮은 이 사막 계곡에서 과학계에 최초로 알려진 공룡들도 발견되었다.

화석의 발견

화석은 대개 고대에 쌓인 진흙과 모래로부터 생긴 퇴적암에 들어 있다. 퇴적암은 전 세계에서 발견된다. 그중 몇몇 발굴지에서는 깃털이나 피부 같은 세부까지, 생물의 생전 모습이 고스란히 보존된 화석들도 나온다. 사막에서도 많은 화석이 발견된다. 화석이 사막에서 잘 만들어지기 때문이 아니다. 넓은 지역에 오래된 암석이 드러나 있어서 화석을 찾기가 더 쉽기 때문이다.

메셀 피트
나라: 독일
유명한 화석: *다르위니우스*
이 채석장의 암석에는 화산 가스에 질식되어 호수에 가라앉은 동물 화석들이 놀라울 만치 잘 보존되어 있다.

랴오닝
나라: 중국
유명한 화석: 시노사우롭테릭스
랴오닝의 공룡 화석들은 백악기 후기에 화산재에 덮이고 묻혀서 아주 잘 보존되었다. 이 화석들은 많은 공룡이 파충류처럼 비늘 피부가 아니라 깃털로 덮여 있었음을 보여 준다.

고비사막
나라: 몽골
유명한 화석: *벨로키랍토르*
백악기 후기에 고비사막에는 침엽수림, 호수, 강이 있었고, 육식성 벨로키랍토르를 비롯한 많은 공룡이 살았다.

에디아카라 힐스
나라: 호주(오스트레일리아)
유명한 화석: *디킨소니아*
오스트레일리아 남부 사막에서 발견된 이 수수께끼의 잎 모양 화석은 6억 년 전에 살았던 몸이 부드러운 해양 동물의 잔해일지도 모른다.

바하리야 오아시스
나라: 이집트
유명한 화석: *스피노사우루스*
지금은 사막의 오아시스이지만, 예전에는 물고기를 사냥하던 가장 큰 포식 공룡 중 하나인 스피노사우루스가 살던 해안 습지였다.

텐다구루
나라: 탄자니아
유명한 화석: *켄트로사우루스*
가시 달린 꼬리를 지닌 스테고사우루스류 공룡인 켄트로사우루스는 동아프리카의 이곳 쥐라기 사암에서 발견되었다.

커크패트릭산
나라: 남극 대륙
유명한 화석: *크리올로포사우루스*
남극 대륙은 대부분 얼음으로 뒤덮여 있지만, 암석이 드러난 이 지역에서는 쥐라기 공룡 5종류가 발견되었다.

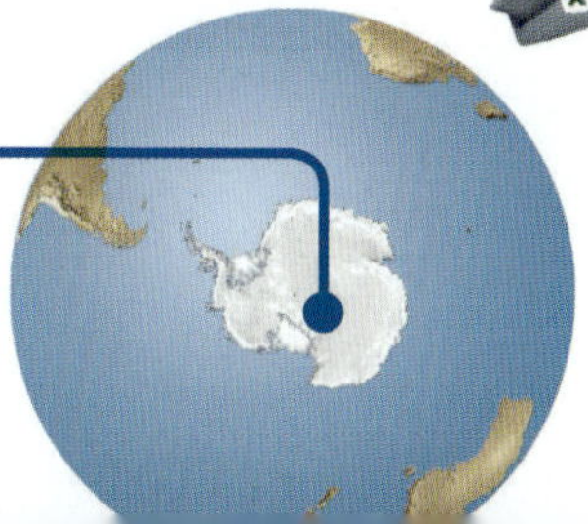

찾아보기
- 신생대
- 백악기
- 쥐라기
- 트라이아스기
- 캄브리아기
- 선캄브리아대

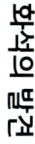

화석의 발견

생명의 기원

지구의 생명은 적어도 35억 년 전부터 시작됐으며, 40억 년 전에 출현했을 가능성도 있다. 지금껏 알려진 가장 오래된 생명체는 물에 사는 미세한 단세포였다. 모든 생명에 중요하고 복잡한 화학 물질들이 섞인 액체가 담겨 있는 아주 미세한 주머니라고 할 수 있다. 이런 세포들이 어떻게 형성되었는지는 아직 잘 모르지만, 육지나 깊은 바다 밑에 있는 온천의 열기와 화학 에너지가 생명 탄생의 과정을 추진했을 가능성이 있다.

초기 지구
행성 지구는 새로 형성된 태양의 주위를 도는 암석과 먼지로부터 형성되었다. 지구가 점점 커질수록, 지구의 중력에 끌려서 더 많은 암석과 혜성이 모여들었고, 그런 천체들에는 생명에 필요한 물과 화학 원소가 들어 있었다. 초기에 지구가 성장하던 시기에는 우주에서 온 암석들이 계속 충돌하면서 지구가 너무 뜨거워져서 암석이 다 녹을 정도였다. 나중에 행성이 식으면서 표면에 물이 고이기 시작했다. 지구의 모든 생물은 바로 이 액체 상태의 물이 필요하다.

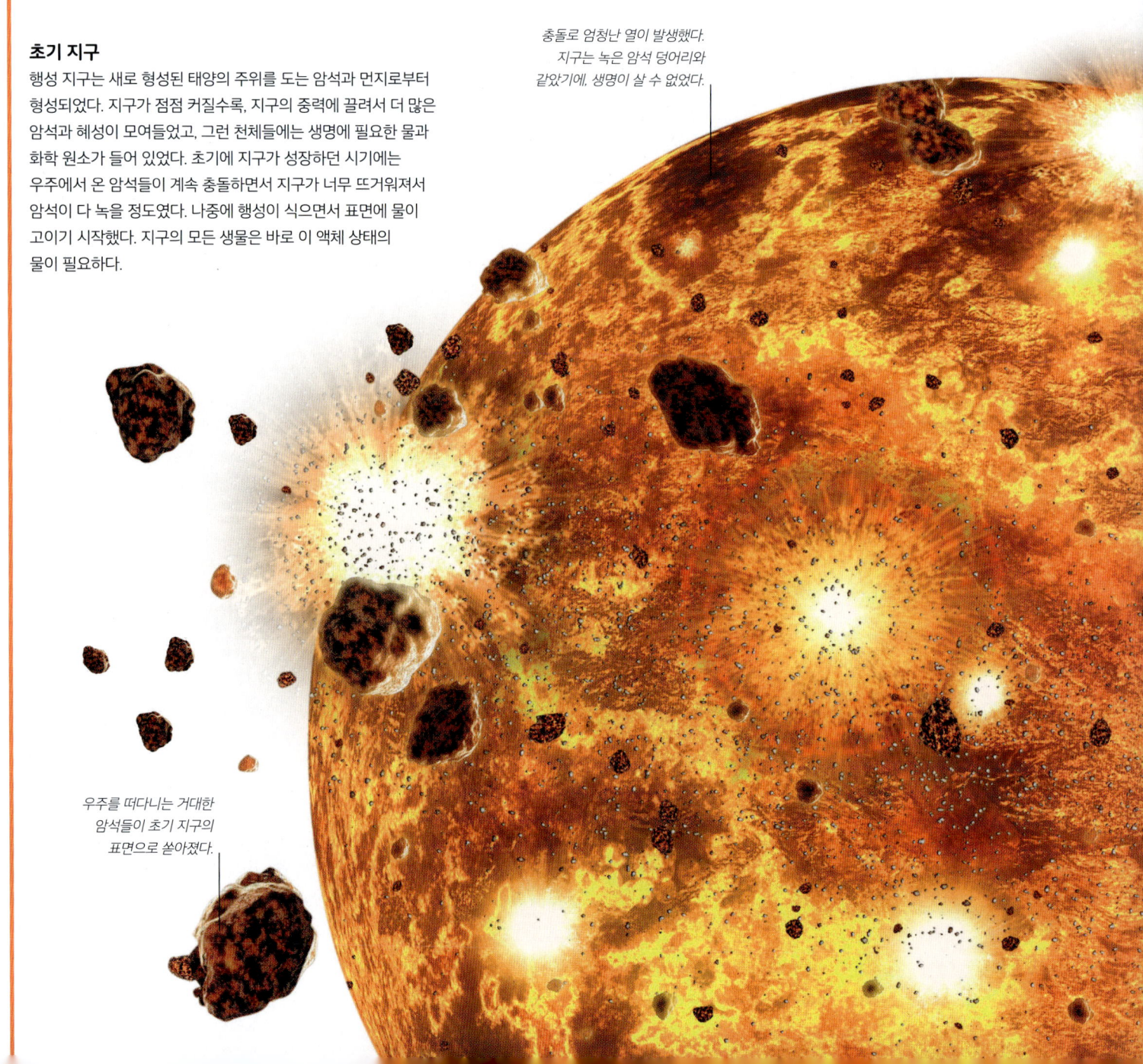

충돌로 엄청난 열이 발생했다. 지구는 녹은 암석 덩어리와 같았기에, 생명이 살 수 없었다.

우주를 떠다니는 거대한 암석들이 초기 지구의 표면으로 쏟아졌다.

최초의 생명

최초의 생물은 암석에서 녹아 나온 단순한 화학 물질들이 들어 있는 물에서 생겨났을 것이다. 이처럼 화학 물질이 풍부한 물은 오늘날에는 해저나 미국 옐로스톤 국립공원 같은 곳의 온천에서 뿜어진다. 이런 물에는 초기 생물들과 비슷한 미생물들이 살고 있다. 그러므로 초기 생물 역시 이와 비슷한 곳에서 시작되었을 가능성이 있다. 그랜드프리즈매틱 온천이 화려한 색깔을 띠는 까닭은 이런 미생물 덕분이다.

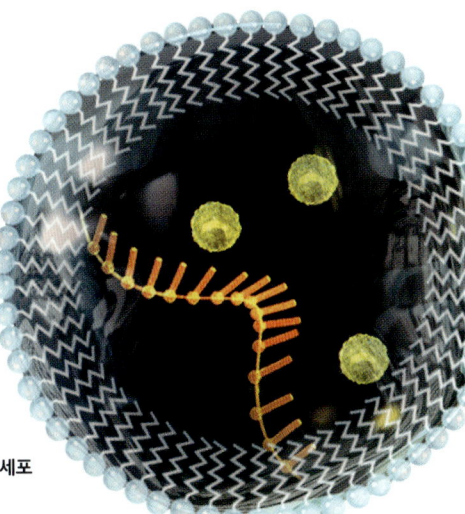

그랜드프리즈매틱 온천, 미국 옐로스톤 국립공원

이 온천의 가장자리에는 미생물들이 가득하다.

최초의 세포는 질긴 막으로 된 아주 작은 방울과 비슷했다.

최초의 세포

살아 있는 세포

생명은 세포라는 질긴 막으로 감싸인 아주 작은 방울 안에서 일어나는 화학 반응을 통해 유지된다. 최초의 세포는 지금의 세균과 마찬가지로 단순한 액체 주머니와 같은 형태였다. 세포는 에너지를 써서 단순한 화학 물질로부터 단백질과 같이 생명에 필요한 복잡한 물질을 만드는 일을 했다. 그럼으로써 성장하고 불어나서 많은 무리를 이룰 수 있었다. 오늘날의 온천 주변에도 그런 단세포 생물들이 살고 있다.

초기 생명의 증거

지구에서 가장 오래된 암석에는 고세균이라는 미생물의 화석이 들어 있다. 고세균은 세균과 비슷한 고대 생물이다. 고세균 화석을 지닌 암석은 해저에서 생겼고, 적어도 38억 년 된 것들이다. 그러나 초기 생물의 흔적을 담고 있는 더 확실한 증거는 스트로마톨라이트 화석이다. 약 34억 년 전의 이 화석은 남세균 무리가 층층이 쌓여서 형성된 바위 모양의 덩어리다. 남세균이 만든 여러 겹의 층들이 화석에 뚜렷이 드러나 있다.

스트로마톨라이트 화석

역사적 전환

호주 대륙 웨스턴오스트레일리아주 샤크만의 얕은 바닷물에서는 수십억 년 전 생물이 만들던 것과 똑같은 구조물이 지금도 만들어지고 있다. 바로 스트로마톨라이트다. 진흙 덩어리같이 생긴 이 구조물은 남세균(시아노박테리아)이 만든 것이다. 단순한 미생물인 남세균은 햇빛을 이용하여 공기와 물을 당분으로 바꾼다. 이 광합성 과정에서 동물이 먹을 먹이의 대부분과 동물이 호흡하는 산소가 생긴다.

약 25억 년 전 남세균이 바다에 출현했을 때, 공기 중에는 산소가 거의 없었다. 그 뒤 남세균은 기나긴 세월에 걸쳐 꾸준히 산소를 뿜어냈다. 워낙 많이 뿜어낸 바람에, 지금은 대기의 약 5분의 1이 산소다. 산소는 동물의 진화에 핵심적인 역할을 했다. 동물이 먹은 것을 에너지로 바꾸려면 산소가 필요하기 때문이다. 따라서 지금까지 지구에서 살았던 모든 동물은 이 미생물의 덕을 본 것이다. 독립생활을 하는 남세균은 지금도 바다와 육지에 널리 퍼져 있지만, 스트로마톨라이트는 잘 생기지 않는다. 남세균이 만든 세계에서 진화한 많은 동물들이 남세균을 먹이로 삼아서 남아 날 수가 없다. 샤크만에서 스트로마톨라이트가 생기는 이유는 물이 아주 짜서 동물이 거의 살지 못하는 곳이기 때문이다.

진화와 멸종

화석은 생물이 시간이 흐르는 사이에 어떻게 변해 왔는지 알려 준다. 과학자들은 19세기가 되어서야 생물의 변화 과정을 제대로 이해하게 되었고, 그것을 설명하는 이론이 바로 자연선택 진화론이다. 화석은 이 이론을 뒷받침하는 중요한 증거가 되었다. 영국의 찰스 다윈이 주로 발전시킨 이 이론은 한 종의 개체들이 환경에 대처하는 능력이 저마다 다르다고 본다. 어떤 개체는 살아남아서 번식하고, 어떤 개체는 그렇지 못하다. 환경에 적합한 특징을 지닌 개체들은 점점 수가 늘어난다. 시간이 흐르면서 환경이 바뀌면 다른 특징을 지닌 개체들이 늘어난다. 그 결과로 종은 변하는 세계에 적응하면서 서서히 변한다. 새로운 종이 진화하고, 있던 종이 완전히 사라지기도 한다. 종이 사라지는 것이 멸종이다.

화석 증거
1861년에 처음 발견된 아르카이옵테릭스 화석은 날개 깃털이 있었음을 보여 줬다. 이 화석은 생물이 시간이 흐르면서 진화한다는 이론을 증명하는 강력한 증거였다.

뼈로 된 꼬리 > 이 1억 5000만 년 전의 아르카이옵테릭스 화석은 언뜻 보면 깃털로 덮인 넓은 날개를 지닌 오늘날의 새와 아주 비슷하다. 그러나 멸종한 공룡처럼 뼈로 된 긴 꼬리가 있었다. 현재 이 두 가지 특징을 다 지닌 동물은 없다.

자연선택
모든 동물은 부모와 다르다. 이 자연적인 변이에 따라서 개체마다 강점과 약점이 서로 다르며, 그래서 환경에 따라 누가 생존할 가능성이 높은지도 달라진다. 친척들보다 위장술에 더 뛰어난 곤충은 굶주린 새를 피해서 번식하여 자손을 남길 가능성이 더 높다. 반대로 친척보다 위장 실력이 떨어지는 곤충은 죽어 사라질 수 있다.

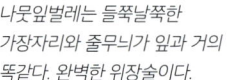

나뭇잎벌레는 들쭉날쭉한 가장자리와 줄무늬가 잎과 거의 똑같다. 완벽한 위장술이다.

나뭇잎벌레

아르카이옵테릭스(시조새)

신종

만약 새가 먼 바다의 섬 같은 새로운 서식지로 날아간다면, 먹이를 찾기가 힘들 수도 있다. 그래도 아주 운 좋게 새 서식지에서 사는 데 유용한 특징을 지닌 새들은 살아남을 것이다. 살아남은 새들이 번식을 하면, 자손들은 그 특징을 물려받는다. 여러 세대가 흐르면, 후손들은 본토의 조상들과 뚜렷이 다른 종으로 진화할 수 있다. 그런 과정을 통해 신종이 생긴다.

날개 깃털 > 아르카이옵테릭스
화석에는 현생 조류의 깃털과 형태가 아주 비슷한 깃털의 흔적이 남아 있다. 그래서 새의 조상으로 여겨 시조새로 불린다. 그러나 이 화석은 수각류 공룡의 이빨과 뼈도 지니고 있었다.

조상은 씨를 깨먹는 두꺼운 부리를 지녔다.

이 핀치는 굽은 부리로 열매와 봉오리를 쪼갠다.

굽은 부리는 꽃에서 씨를 따는 데 좋다.

위쪽이 더 큰 부리는 애벌레를 파내는 데 알맞다.

뾰족한 부리는 잎에서 곤충을 쪼아 먹는 데 좋다.

이 핀치는 부리에 문 잔가지로 나무껍질 안에 든 먹이를 파낼 수 있다.

갈라파고스핀치
태평양의 갈라파고스 제도에는 몇 종의 핀치가 산다. 각 종은 서로 다른 먹이에 알맞게 적응한 부리를 지니고 있다. 부리가 다르지만 핀치들이 모두 같은 조상에서 진화한 것은 분명하다. 아마 가까운 남아메리카에서 날아왔을 것이다.

사라진 조상

진화와 멸종의 과정을 통해 신종이 진화해 등장하고, 있던 종이 사라지면서 생물 종들은 계속 바뀐다. 지난 5억 년 동안 지구에 살았던 종들의 90퍼센트는 사라졌다. 멸종된 생물들의 잔해가 화석으로 남았기 때문에, 우리는 지금은 사라지고 없는 생물들이 있었다는 것을 안다.

삼엽충은 오늘날에는 존재하지 않는다. 약 3억 년 전에 번성했다.

아르카이옵테릭스(시조새) 화석

삼엽충 화석

대량 멸종

때로 세계에 대격변이 일어나서 환경이 너무 급변하는 바람에 거의 모든 동물이 살아남지 못할 수도 있다. 이런 현상을 대량 멸종이라고 한다. 지구에 생명이 시작된 이래로 5번의 대량 멸종 사건이 있었다. 매번 아주 많은 생물들이 멸종했고, 그러면 새로운 종이 진화하여 빈자리를 채울 수 있었다.

오르도비스기 말(4억 4400만 년 전)
오르도비스기 말에 일어난 대량 멸종으로 해양 종의 최대 60퍼센트가 사라졌다.
60%

데본기 말(3억 5900만 년 전)
데본기 말 멸종은 주로 해양 생물들에게 일어났다. 특히 해안의 얕은 바다에 사는 종들이 많이 죽었다.
75%

페름기 말(2억 5200만 년 전)
페름기는 지구의 거의 모든 생물이 싹 사라지는 대격변으로 끝났다.
96%

트라이아스기 말(2억 100만 년 전)
초기 공룡들과 함께 살던 동물들 중 상당수는 트라이아스기 말에 사라졌다.
70%

백악기 말(6600만 년 전)
이때 발생한 대량 멸종으로 익룡, 거대한 공룡, 해양 파충류의 대부분이 사라졌다.
75%

생명의 시작

척추동물

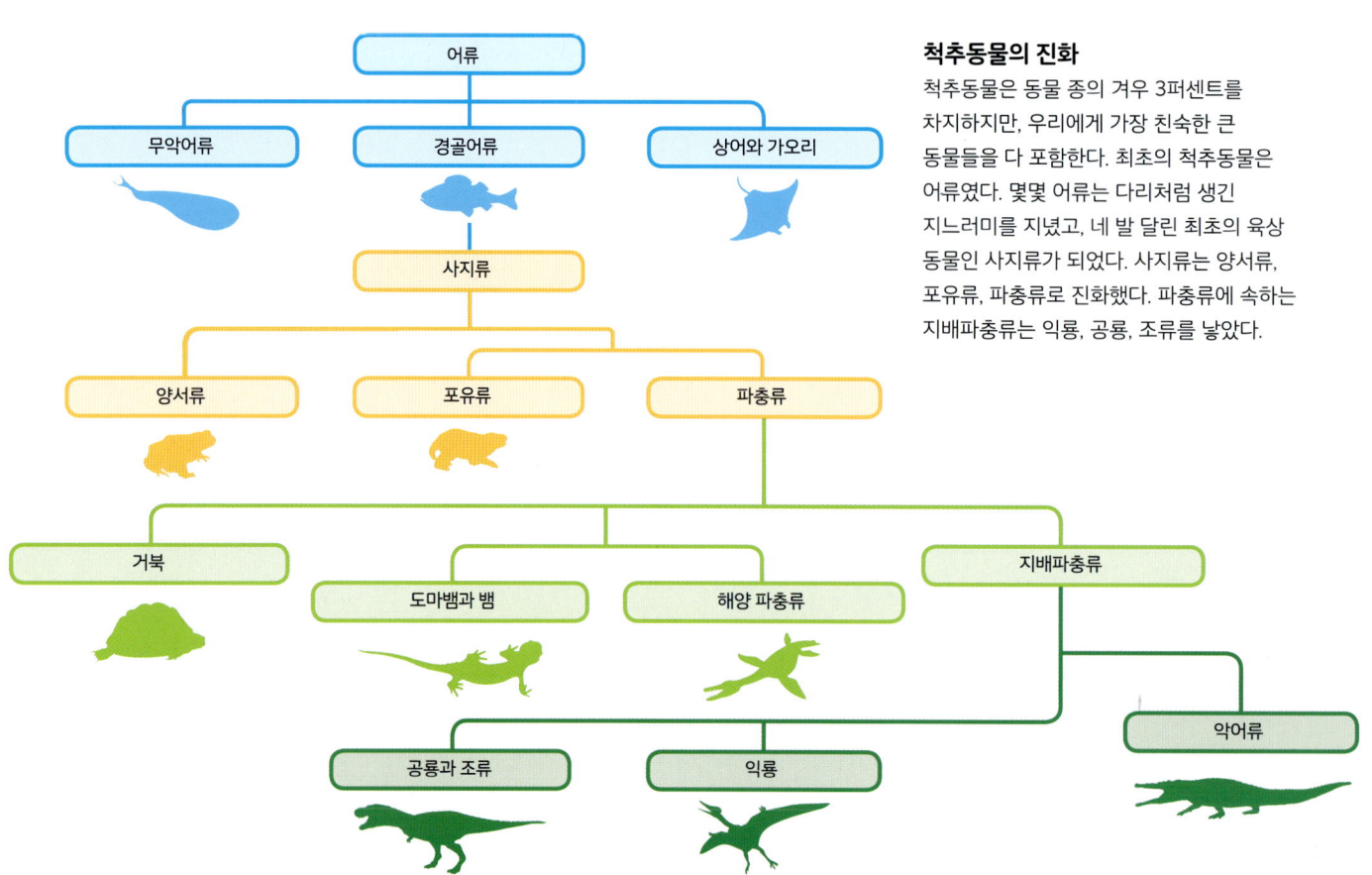

척추뼈 > 척추동물은 목뼈, 등뼈, 꼬리뼈를 이루는 척추뼈를 지니고 있어서 그런 이름이 붙었다.

어깨뼈

약 5억 3000만 년 전까지만 해도 모든 동물은 무척추동물이었다. 즉 몸속에 관절로 연결된 뼈대가 없는 동물이었다. 그러다가 바다에 새로운 유형의 동물이 출현했다. 탄력 있는 막대로 몸을 더 튼튼하게 보강한 동물이었다. 이 막대가 바로 등뼈의 원형이다. 이들은 어류로 진화했다. 어류는 최초의 진정한 척추동물이자, 양서류, 파충류, 포유류, 조류의 조상이었다.

척추동물의 진화

척추동물은 동물 종의 겨우 3퍼센트를 차지하지만, 우리에게 가장 친숙한 큰 동물들을 다 포함한다. 최초의 척추동물은 어류였다. 몇몇 어류는 다리처럼 생긴 지느러미를 지녔고, 네 발 달린 최초의 육상 동물인 사지류가 되었다. 사지류는 양서류, 포유류, 파충류로 진화했다. 파충류에 속하는 지배파충류는 익룡, 공룡, 조류를 낳았다.

위쪽 골반

척추뼈 위쪽에서 뻗어 나온 가시들은 등의 근육이 붙는 자리였다.

디플로도쿠스
모든 대형 육상 동물은 척추동물이다. 무거운 몸무게를 떠받치려면 튼튼한 속뼈대가 필요하기 때문이다. 거대한 공룡의 시대에, 디플로도쿠스 같은 육상 동물들은 튼튼한 뼈 덕분에 엄청난 크기로 자랄 수 있었다. 현생 고래는 이들보다 더 무겁지만, 물이 몸무게를 많이 받쳐 준다.

뼈대 구조 > 어깨와 엉덩이 사이의 등뼈는 이 초식 공룡의 갈비뼈뿐 아니라, 머리, 목, 꼬리도 지탱했다. 등뼈는 가벼우면서 튼튼한 뼈마디들이 죽 연결된 것이다.

다리뼈 > 움직이는 튼튼한 관절로 등뼈에 연결된 거대한 다리뼈들이 어마어마하게 무거운 공룡의 몸무게를 떠받치고 있다.

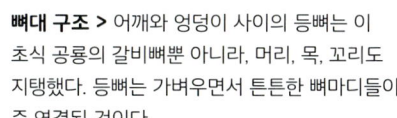
파충류

지배파충류

포유류

어류

양서류

척추동물의 종류
우리는 대개 척추동물을 어류, 양서류, 파충류, 조류, 포유류라고 생각한다. 그러나 조류는 지배파충류 중에서 가장 성공한 현생 집단이라고 볼 수도 있다. 지배파충류는 파충류의 한 종류이며, 멸종한 공룡도 여기에 속한다.

23

공룡이란 무엇일까?

공룡은 약 1억 4000만 년 동안 육지를 지배한 아주 다양한 집단이었다. 그에 비하면, 인류는 출현한 지 고작 100만 년도 안 되었다. 공룡은 비둘기만 한 작은 동물부터 트럭만 해서 쿵쿵거리며 움직이는 거대한 동물에 이르기까지 다양했다. 공룡은 파충류이지만, 현대 파충류와 전혀 다르다. 공룡은 크게 두 집단으로 나눌 수 있다. 도마뱀의 골반을 지닌 공룡인 용반목과 새의 골반을 지닌 공룡인 조반목이다. 그리고 각 집단은 더 세밀히 구분할 수 있다.

용반목
용반류는 도마뱀의 골반과 비슷한 형태의 골반을 지닌 공룡들을 가리킨다. 초식성인 용각형류가 이 집단에 속한다. 육식성인 수각류도 여기에 포함될 수 있지만, 수각류가 조반류와 더 가깝다고 보는 과학자들도 있다.

에오랍토르

조상 공룡
최초의 공룡은 몸이 작고 재빠르며 두 다리로 달리는 동물이었다. 공룡처럼 생긴 초기의 지배파충류인 마라수쿠스와 비슷했을 것이다. 트라이아스기 후기에 초기 공룡은 다양하게 진화했다. 대부분은 식물을 먹는 쪽으로 진화했지만, 일부는 다른 동물을 잡아먹는 사냥꾼이 되었다.

마라수쿠스

조반목
조반류는 비교적 목이 짧고 부리를 지닌 초식 공룡이다. 골반의 생김새가 새의 것과 비슷해서 이런 이름이 붙었다. 하지만 사실 조류는 몸집이 작은 용반목이므로, 조반류와는 거리가 멀다.

힙실로포돈

기라파티탄

용각형류
용각형류라는 이름은 용각류에서 나왔다. 용각류는 부리가 없고 네 발로 걷는 목이 긴 거대한 초식 공룡들이다.

에이니오사우루스

뿔룡류(각룡류)
뿔룡류는 대개 머리에 뿔이 있고, 머리뼈 뒤쪽으로 뼈로 된 주름장식이 크게 펼쳐져 있었다. 앵무새처럼 굽은 부리를 지닌 초식 동물이었다.

알리오라무스

수각류
수각류는 거의 다 두 발로 걸었던 육식 공룡이다. 힘이 센 아주 거대한 종류도 있었지만, 조류도 수각류에 속한다.

파키케팔로사우루스

파키케팔로사우루스류 (후두류)
머리뼈가 아주 두꺼웠던 공룡 집단이다. 두 다리로 걸었으며, 아마 잡식성이었을 것이다.

마르기노케팔리아 (주식두류)

이구아노돈

조각류
조각류는 부리가 달린 초식 공룡 집단으로서 주로 두 발로 걸었지만, 가장 큰 종류는 손으로도 몸무게를 일부 받쳤다.

스테고사우루스

스테고사우루스류 (검룡류)
부리가 달린 초식 공룡 집단이며 등에서 꼬리까지 판이나 가시가 삐죽 튀어나와 있었다. 검룡류는 모두 네 다리로 걸었다.

안킬로사우루스

안킬로사우루스류 (곡룡류)
탱크 공룡이라고도 하는 이 무거운 초식 공룡은 커다란 수각류 포식자에 맞서기 위해 두꺼운 갑옷을 갖추었다.

장순류

25

공룡의 몸속

동물 몸에서 부드러운 조직은 화석으로 잘 남아 있기 어렵다. 그래도 우리는 공룡의 몸속이 어떠했는지를 알아낼 수 있다. 공룡은 척추동물이었고, 모든 척추동물은 기본 구조가 동일하다. 관절로 이어진 뼈대에 강한 근육이 붙어 있고 심장, 허파, 위장, 창자, 뇌 같은 장기들이 몸속에 있다. 공룡 역시 마찬가지다. 예전에는 공룡이 변온 동물이자 굼뜬 파충류라고 생각했지만, 지금은 공룡 중에도 새처럼 날래고 활발한 종류가 많았다는 사실이 알려졌다. 심지어 온혈 동물이었다고 보는 견해도 있다.

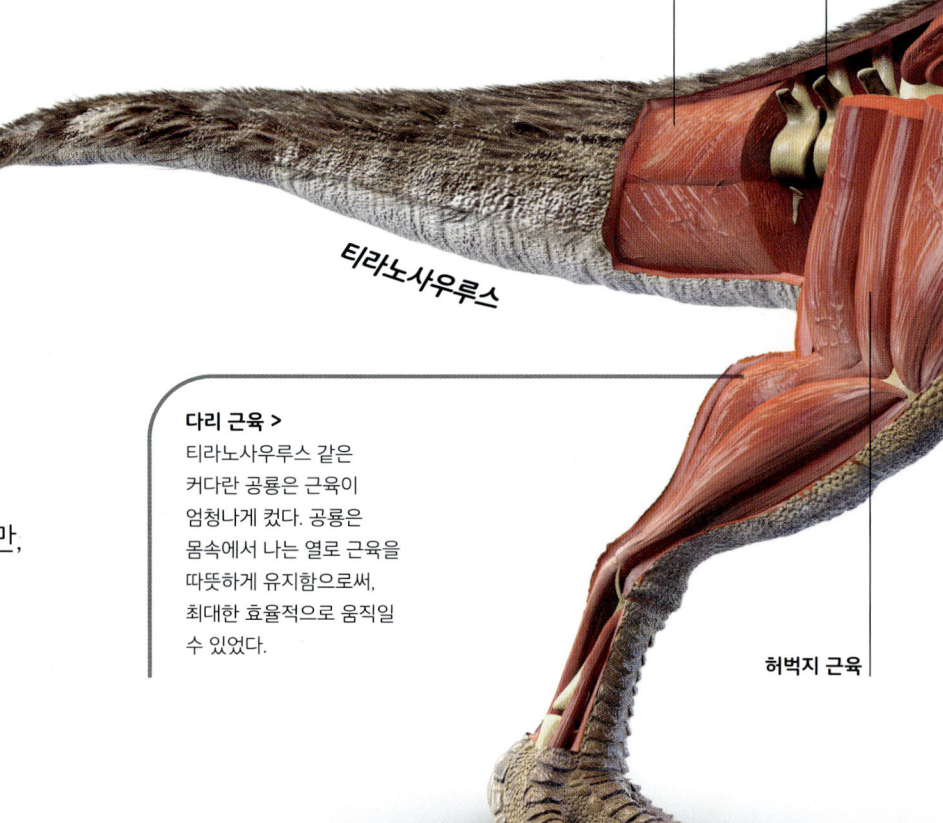

티라노사우루스

등뼈

꼬리 근육

다리 근육 >
티라노사우루스 같은 커다란 공룡은 근육이 엄청나게 컸다. 공룡은 몸속에서 나는 열로 근육을 따뜻하게 유지함으로써, 최대한 효율적으로 움직일 수 있었다.

허벅지 근육

공룡의 특징

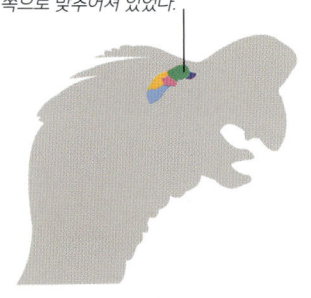

키티파티 같은 공룡의 뇌는 지능보다는 감각을 더 예민하게 느끼는 쪽으로 맞추어져 있었다.

뇌 > 공룡은 뇌가 비교적 작았고, 아주 조그마한 종류도 있었다. 대부분은 현생 조류보다 지능이 낮았다.

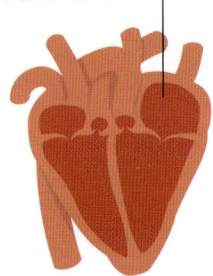

현생 동물 중 멸종한 공룡의 가장 가까운 친척들은 방이 4개인 심장을 갖고 있다.

심장 > 거대한 공룡은 온몸으로 피를 보내기 위해서 방이 4개인 힘센 심장을 갖고 있었다. 모양은 새의 심장과 비슷했지만, 훨씬 더 컸다.

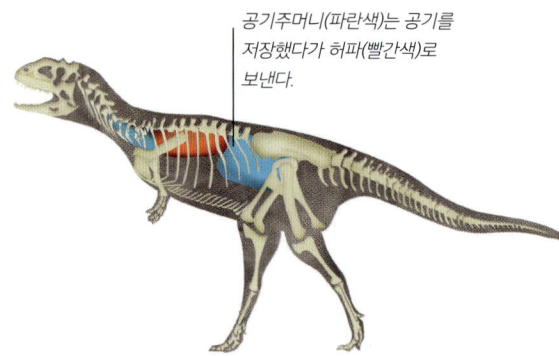

공기주머니(파란색)는 공기를 저장했다가 허파(빨간색)로 보낸다.

허파 > 화석 증거로 볼 때, 공룡의 허파는 대개 현생 조류의 허파와 비슷했던 듯하다. 조류는 포유류보다 허파가 더 효율적이다.

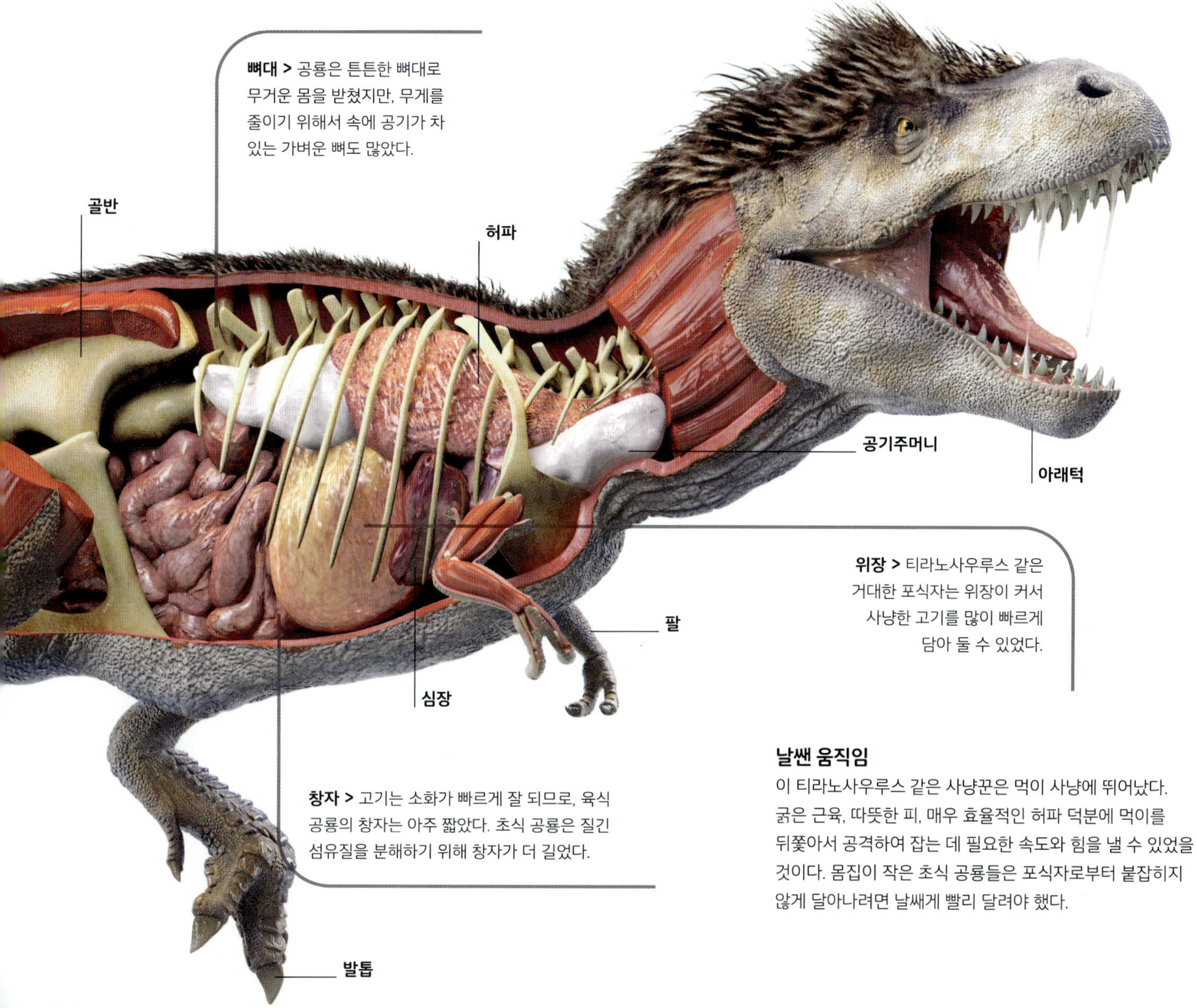

뼈대 > 공룡은 튼튼한 뼈대로 무거운 몸을 받쳤지만, 무게를 줄이기 위해서 속에 공기가 차 있는 가벼운 뼈도 많았다.

골반

허파

공기주머니

아래턱

위장 > 티라노사우루스 같은 거대한 포식자는 위장이 커서 사냥한 고기를 많이 빠르게 담아 둘 수 있었다.

팔

심장

창자 > 고기는 소화가 빠르게 잘 되므로, 육식 공룡의 창자는 아주 짧았다. 초식 공룡은 질긴 섬유질을 분해하기 위해 창자가 더 길었다.

날쌘 움직임
이 티라노사우루스 같은 사냥꾼은 먹이 사냥에 뛰어났다. 굵은 근육, 따뜻한 피, 매우 효율적인 허파 덕분에 먹이를 뒤쫓아서 공격하여 잡는 데 필요한 속도와 힘을 낼 수 있었을 것이다. 몸집이 작은 초식 공룡들은 포식자로부터 붙잡히지 않게 달아나려면 날쌔게 빨리 달려야 했다.

발톱

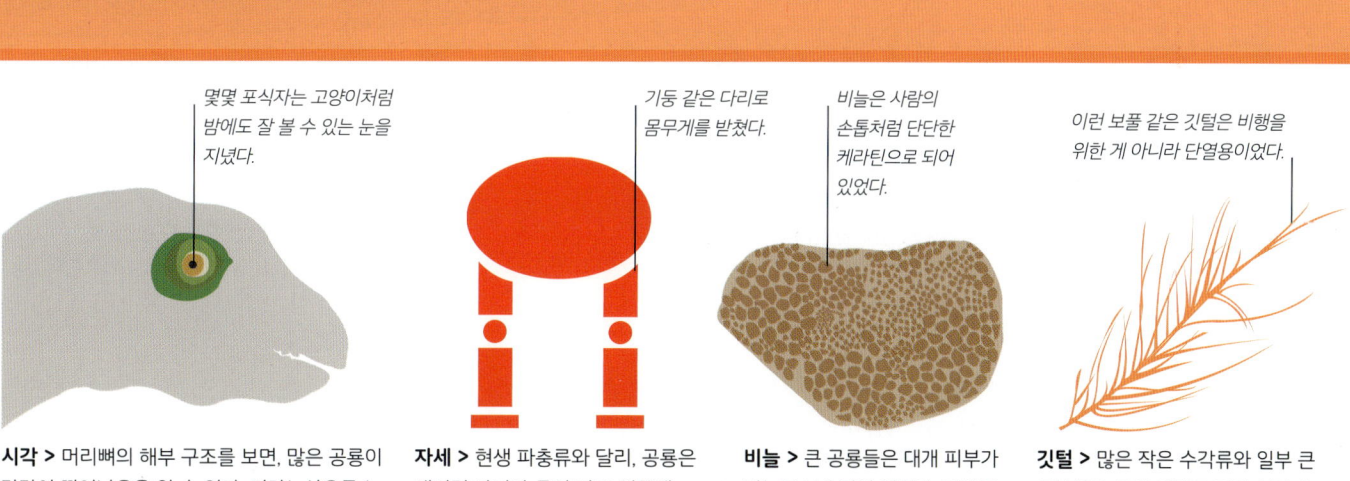

몇몇 포식자는 고양이처럼 밤에도 잘 볼 수 있는 눈을 지녔다.

기둥 같은 다리로 몸무게를 받쳤다.

비늘은 사람의 손톱처럼 단단한 케라틴으로 되어 있었다.

이런 보풀 같은 깃털은 비행을 위한 게 아니라 단열용이었다.

시각 > 머리뼈의 해부 구조를 보면, 많은 공룡이 감각이 뛰어났음을 알 수 있다. 티라노사우루스 같은 포식자는 시력이 뛰어났으며, 오늘날의 독수리처럼 예리했을지도 모른다.

자세 > 현생 파충류와 달리, 공룡은 새처럼 다리가 몸의 바로 밑쪽에 달려 있었다. 그래서 몸무게를 잘 받칠 수 있었다.

비늘 > 큰 공룡들은 대개 피부가 비늘로 보호되어 있었다. 깃털로 덮인 많은 작은 공룡들도 몸의 군데군데 비늘이 나 있었다.

깃털 > 많은 작은 수각류와 일부 큰 공룡들은 몸이 깃털로 덮여 있었다. 깃털은 체온 유지에 쓰였고, 일부는 나는 데 쓰였다.

공룡 이전 시대

최초의 동물

프테리디니움 — 러시아, 오스트레일리아, 나미비아에서 발견된 것으로 잘 알려진 이 화석은 지렁이처럼 생겼는데 입, 눈, 심지어 창자가 있었던 증거가 전혀 없다.

카르니아 — 화석을 보면 카르니아의 몸은 가지들이 줄줄이 뻗은 형태로, 줄무늬가 난 듯하다.

줄기로 바닥에 달라붙은 채, 잎 모양의 몸으로 물에서 먹이를 빨아들였다.

마우소니테스 — 마우소니테스의 꽃 모양 화석은 자유 헤엄을 치는 해파리의 잔해일 수도 있다.

한때 과학자들은 약 5억 4100만 년 전 캄브리아기가 시작될 때 처음 동물이 진화했다고 생각했다. 그 이전 시대인 선캄브리아대라는 지구 역사의 아주 긴 기간에는 거의 세균이나 그와 비슷한 단세포 미생물만이 살고 있었다고 생각했다. 그러나 1957년 영국 찬우드 숲의 선캄브리아대 지층에서 화석이 한 점 발견되었다. 오늘날 **카르니아**라고 알려진 다세포 생명체였다. 당시 과학자들은 1946년 오스트레일리아 에디아카라 힐스의 선캄브리아대 지층에서도 비슷한 생물의 화석이 발견된 적이 있음을 알아차렸다. 6억 년이 넘은 화석이었다. 이 화석의

스프리기나
머리에 눈과 입이 있었을지도 모른다.
몸은 여러 몸마디로 나뉘었으며, 다리는 아예 없었던 듯하다.

트리브라키디움
트리브라키디움은 말미잘을 닮았으며, 세 부분이 모여서 둥근 원통 모양을 이루었다.

디킨소니아
디킨소니아 화석 중 가장 큰 것은 길이가 1.3m를 넘으며, 가운데에 홈이 나 있는 독특한 모양이다. 눈이 있었는지는 알지 못한다.

선캄브리아대 화석 중 처음으로 알려진 **카르니아** 화석은 당시 15세였던 학생이 발견했다.

최초의 동물

주인공들은 지구 최초의 동물에 속했다. 그 뒤로 북아메리카, 아프리카, 러시아에서도 비슷한 화석들이 발견되었다. 카르니아를 비롯한 많은 화석들은 오늘날의 산호처럼 해저에 뿌리를 내리고 사는 동물들이었다. **스프리기나**처럼 먹이를 찾아 돌아다니거나 헤엄치면서 자유 생활을 하는 동물들도 있었다. **디킨소니아** 같은 동물들은 현대의 동물들과 특성이나 생활 방식이 너무나 달라서 여전히 수수께끼로 남아 있다.

생존에 알맞은 몸

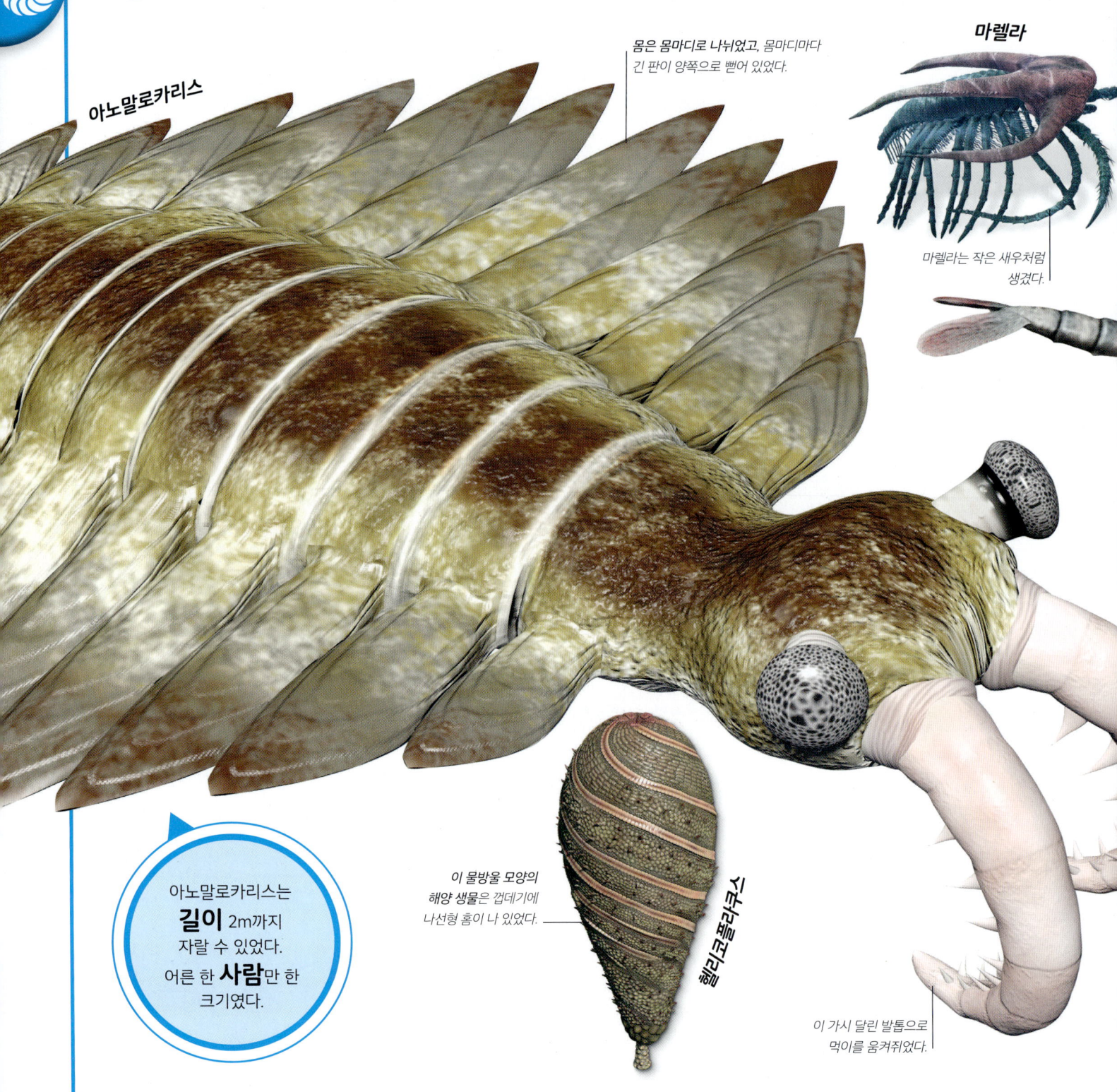

아노말로카리스

몸은 몸마디로 나뉘었고, 몸마디마다 긴 판이 양쪽으로 뻗어 있었다.

마렐라

마렐라는 작은 새우처럼 생겼다.

아노말로카리스는 **길이** 2m까지 자랄 수 있었다. 어른 한 **사람**만 한 크기였다.

이 물방울 모양의 해양 생물은 껍데기에 나선형 홈이 나 있었다.

헬리코플라쿠스

이 가시 달린 발톱으로 먹이를 움켜쥐었다.

고대 바다에 살았던 최초의 동물은 현생 해파리처럼 몸이 부드러웠다. 그러나 5억 4100만 년 전 캄브리아기 때 새로운 유형의 동물들이 출현했다. 단단한 껍데기와 가시, 튼튼한 겉뼈대를 지닌 동물이었다. **아노말로카리스**와 **마렐라** 같은 동물들이다. 단단한 부위는 몸을 떠받치고, 적으로부터 보호했다. 이 동물들이 죽고 나면, 부드러운 부위는 다른 동물에게 먹히거나 썩어서 사라졌지만, 껍데기와 겉뼈대는 화석으로 남곤 했다. 다양한 새로운 동물들이 한꺼번에 많이 출현했기에, 이 시대의 지층에는 많은 화석들이 남았다. 이렇게 캄브리아기에 살았던

돌에 박힌 화석

캐나다 브리티시컬럼비아의 로키산맥 높은 곳에는 가장 놀라운 화석 산지 중 하나가 있다. 바로 버제스 셰일이다. 1909년 미국의 화석 사냥꾼이자 과학자인 찰스 월콧이 발견했다. 월콧은 우연히 버제스산의 퇴적암층에서 이 고대 생물의 보물 창고를 찾아냈다. 그 뒤로 거의 14년을 그곳에서 암석을 쪼개면서 보냈던 월콧은 6만 5,000점이 넘는 화석을 발견했다.

5억여 년 전에, 버제스 셰일은 바닷가 낭떠러지 발치에 있던 진흙 바닥이었다. 물속에는 동물들이 우글거렸다. 그 동물들은 진흙 사태가 일어날 때 묻히고 말았다. 진흙이 암석으로 변할 때, 진흙에 묻혀 있던 생물의 잔해는 납작한 화석으로 보존되었다. 그리하여 약 5억 4100만 년 전 고생대가 시작될 때 어떤 다양한 생물들이 진화해 등장했는지가 기록됐다. 이 화석들 중에는 삼엽충처럼 겉뼈대를 지닌 동물들도 있었지만, 눈이 5개인 오파비니아처럼 오늘날 우리가 볼 수 있는 생물들과 전혀 다른 형태로 몸이 부드러운 동물들도 많았다. 과학자들에게 고대 생물 화석들은 수억 년 전에 살았던 생물들의 모습을 찍은 사진과 비슷하다.

삼엽충

파라독시데스는 최초로 등장한 종류 중 하나이며, 가장 큰 종류에 속한다. 37cm까지 자랐다.

파콥스는 아주 작은 낱눈들이 모여 이루어진 한 쌍의 겹눈을 지녔다.

파라독시데스

공격을 받으면 갑옷으로 감싼 몸을 공처럼 말아서 방어했다.

몸을 둥글게 만 파콥스

드로톱스

포식자가 물면 케라타르게스의 긴 가시에 찔렸을 것이다.

케라타르게스

여러 개의 몸마디가 뚜렷하게 드러나는 **삼엽충**은 고대 암석에서 발견되는 화석 중 가장 특이한 편에 속한다. 삼엽충은 5억 2000만 년 전의 지층에서 처음 등장한다. 삼엽충은 무려 2억 7000만 년 동안 바다에서 번성하다가, 2억 5200만 년 전 고생대를 끝장낸 대량 멸종 때 모두 사라졌다. 최초의 절지동물 중 하나였던 삼엽충은 현생 곤충과 거미처럼 겉뼈대로 몸을 감쌌고, 관절로 연결된 다리를 지녔다. **드로톱스**를 비롯한 많은 삼엽충은 몇 쌍의 다리와 커다란 눈을 지닌 납작한 쥐며느리처럼 생겼다. 삼엽충은 현생 곤충처럼 낱눈이 빽빽하게 모여 있는

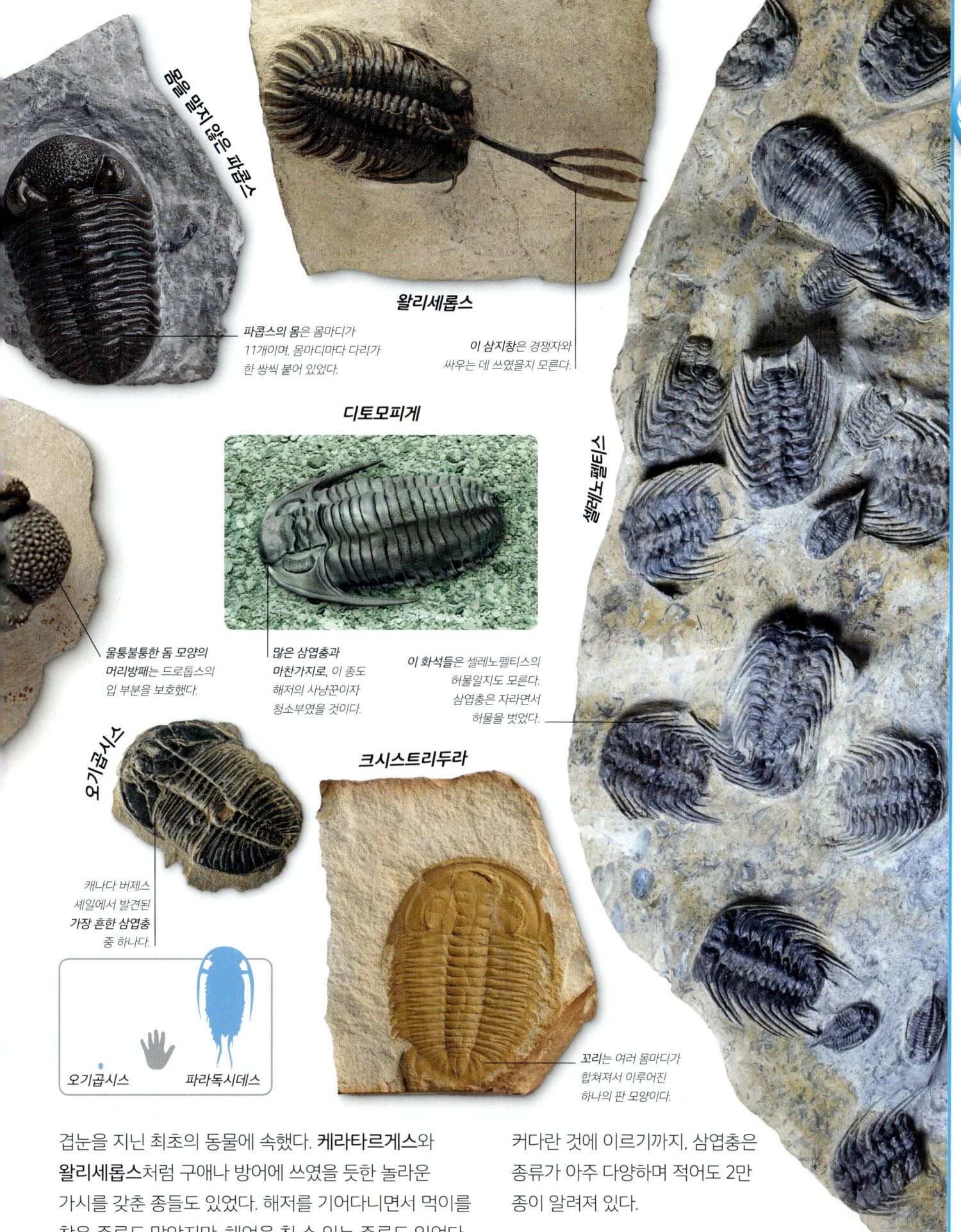

몸을 맞지 않은 파콥스

왈리세롭스

파콥스의 몸은 몸마디가 11개이며, 몸마디마다 다리가 한 쌍씩 붙어 있었다.

이 삼지창은 경쟁자와 싸우는 데 쓰였을지 모른다.

디토모피게

셀레노펠티스

울퉁불퉁한 돔 모양의 머리방패는 드로톱스의 입 부분을 보호했다.

많은 삼엽충과 마찬가지로, 이 종도 해저의 사냥꾼이자 청소부였을 것이다.

이 화석들은 셀레노펠티스의 허물일지도 모른다. 삼엽충은 자라면서 허물을 벗었다.

오기곱시스

크시스트리두라

캐나다 버제스 셰일에서 발견된 **가장 흔한 삼엽충** 중 하나다.

오기곱시스　파라독시데스

꼬리는 여러 몸마디가 합쳐져서 이루어진 하나의 판 모양이다.

겹눈을 지닌 최초의 동물에 속했다. 케라타르게스와 **왈리세롭스**처럼 구애나 방어에 쓰였을 듯한 놀라운 가시를 갖춘 종들도 있었다. 해저를 기어다니면서 먹이를 찾은 종류도 많았지만, 헤엄을 칠 수 있는 종류도 있었다. 몸길이가 3mm도 안 되는 아주 작은 것부터 이 책만큼 커다란 것에 이르기까지, 삼엽충은 종류가 아주 다양하며 적어도 2만 종이 알려져 있다.

어류의 시대

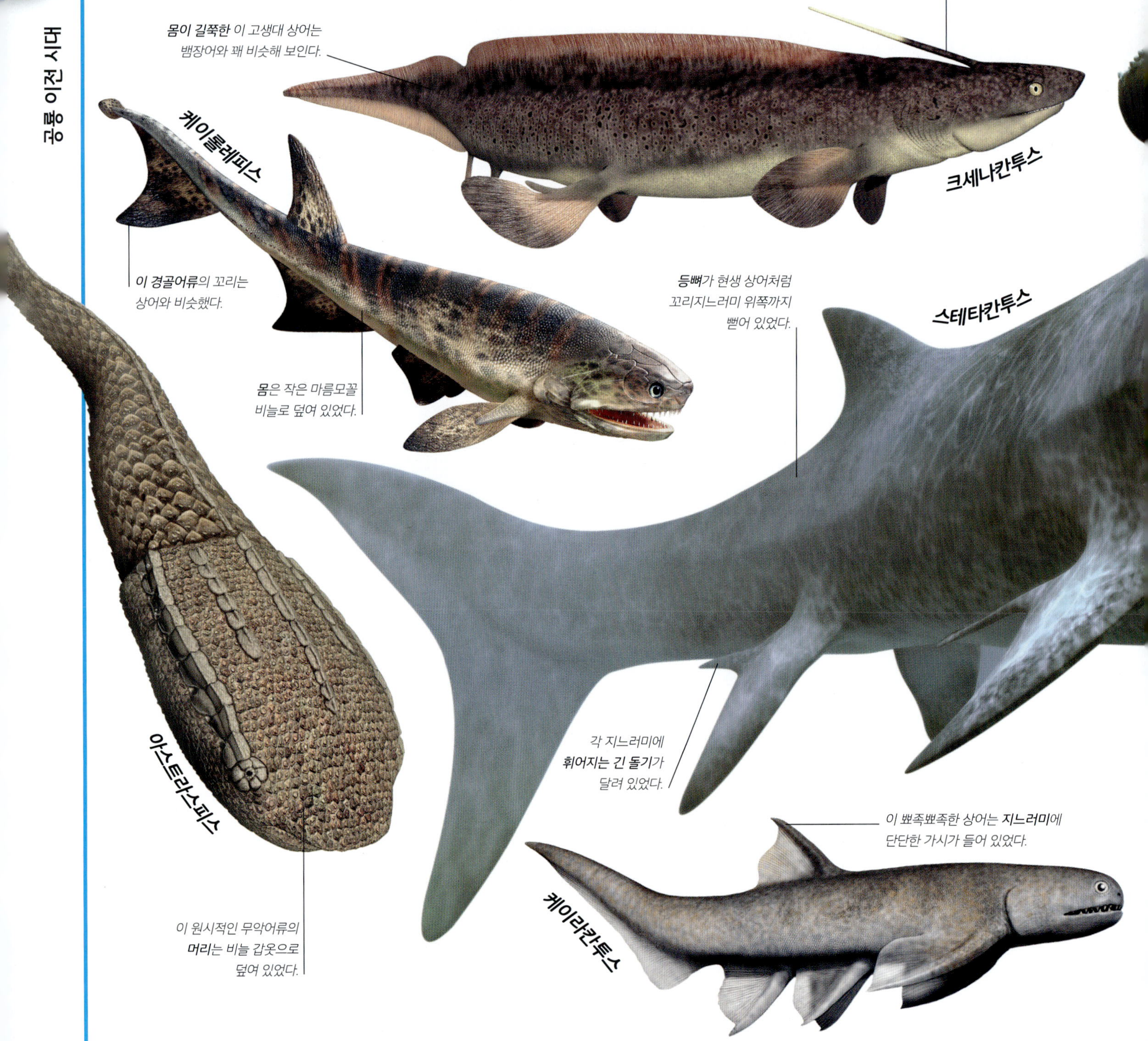

머리에서 튀어나온 긴 가시는 방어용 독을 지녔을 수 있다.

몸이 길쭉한 이 고생대 상어는 뱀장어와 꽤 비슷해 보인다.

크세나칸투스

케이롤레피스

이 경골어류의 꼬리는 상어와 비슷했다.

등뼈가 현생 상어처럼 꼬리지느러미 위쪽까지 뻗어 있었다.

스테타칸투스

몸은 작은 마름모꼴 비늘로 덮여 있었다.

아스트라스피스

각 지느러미에 **휘어지는 긴 돌기가** 달려 있었다.

이 뾰족뾰족한 상어는 지느러미에 단단한 가시가 들어 있었다.

케이라칸투스

이 원시적인 무악어류의 **머리**는 비늘 갑옷으로 덮여 있었다.

공룡을 비롯한 모든 육상 척추동물은 어류의 후손이다. **어류는 등뼈를 지닌 최초의 동물이었다.** 어류는 5억여 년 전에 살았던 **피카이아**와 같은 부드러운 몸을 지닌 척삭동물들로부터 진화했다. **아스트라스피스** 같은 초기 어류는 턱이 없는 부드러운 입이 있고, 뼈로 된 등뼈 대신에 척삭이라는 부드러운 막대를 지닌 형태였다. 그 뒤로 약 1억 년에 걸쳐서, 어류는 관절로 연결된 턱과 등뼈를 갖추었다. 약 4억 1900만~3억 5900만 년 전의 데본기에 어류가 엄청나게 불어났다. 그래서 데본기를 어류의 시대라고 한다. 데본기의 어류는 주로 두 집단으로

현생 상어와 달리, 입이 주둥이 아래쪽이 아니라 끝에 달려 있었다.

클라도셀라케

피카이아는 원시적인 척삭동물이어서 척추가 있긴 하지만, 뼈로 되어 있지 않았다.

피카이아

수컷의 등에 나 있는 별난 기둥 모양의 구조물은 암컷을 꾀는 데 쓰였을 수 있다.

피카이아의 작은 머리 뒤쪽으로 길고 납작한 몸이 뻗어 있었다.

스테타칸투스는 머리와 등지느러미에 **이빨처럼 생긴 비늘**이 많이 나 있었다.

이 갑주어는 뼈로 된 머리방패가 있었다.

코코스테우스 화석

물속을 빠르게 나아가는 데 알맞게 몸이 날렵한 **유선형**이었다.

이 육기어류는 온몸이 커다란 비늘로 덮여 있었다.

홀롭티키우스

몸 아래쪽에 쌍쌍이 있는 **지느러미**에는 튼튼한 뼈가 들어 있었다.

어류의 시대

나뉘었다. **스테타칸투스**와 **클라도셀라케** 같은 상어류는 연골(물렁뼈)이라는 부드럽고 탄력 있는 뼈대를 지녔다. 한편 **케이롤레피스** 같은 경골어류는 단단한 경골(굳뼈)로 된 뼈대를 지녔다. 어류 중에는 몸 아래쪽에 뼈가 들어 있는 억센 지느러미를 4개 지닌 종류도 있었다.

육기어류라고 일컬어진 이들은 물 밖으로 기어나와 뭍에서 생활한 최초의 척추동물이 되었다. 어류는 지금까지도 번성한다. 2억 5200만 년 전에 해양 생물 종의 90퍼센트를 전멸시켰던 가장 큰 규모의 대량 멸종 때에도 어류는 살아남았다.

39

어류의 갑옷

공룡 이전 시대

이 초기 무악어류는 뼈비늘로 등을 보호했다.

이 넓적한 머리는 작은 뼈판들이 모여서 이루어진 튼튼한 갑옷으로 덮여 있었다.

드레파나스피스

비르케니아

드레파나스피스는 꼬리에만 지느러미가 있었다.

입은 위쪽을 향해 있었다.

헤엄치는 데 구부리기 좋도록, 몸통 쪽에는 갑옷이 거의 없었다.

둔클레오스테우스는 몸길이 6m에 이를 만큼 **거대하게** 자랄 수 있었다. 백상아리만 했다.

머리방패는 긴 통모양의 주둥이까지 뻗어 있었다. 이 주둥이로 바닥을 헤집어서 숨은 먹잇감을 찾아냈을 수도 있다.

롤포스테우스는 몸길이가 약 30cm였다.

롤포스테우스

케팔라스피스

입은 넓적한 머리방패 아래쪽에 붙어 있었다. 해저에서 먹이를 찾았음을 나타낸다.

많은 초기 어류는 튼튼한 갑옷으로 머리를 보호했으며, 몸까지 덮은 종류도 있었다. 이렇게 단단히 무장한 갑주어는 4억여 년 전에 처음 출현했다. 턱이 없는 **케팔라스피스**와 **드레파나스피스**는 커다란 투구게 모양의 머리방패를 지녔다. 더 뒤에는 턱이 있으면서(유악) 갑옷으로 덮인, 훨씬 더 몸집이 큰 어류가 진화했다. 판피류였다. 이 거대한 유악어류 중에는 괴물처럼 보이는 종들도 있었다. 판피류의 머리와 상체에는 이음매로 연결된 튼튼한 뼈판들이 서로 겹쳐지면서 움직임을 방해하지 않도록 배열되어 덮여 있었다. 갑옷은

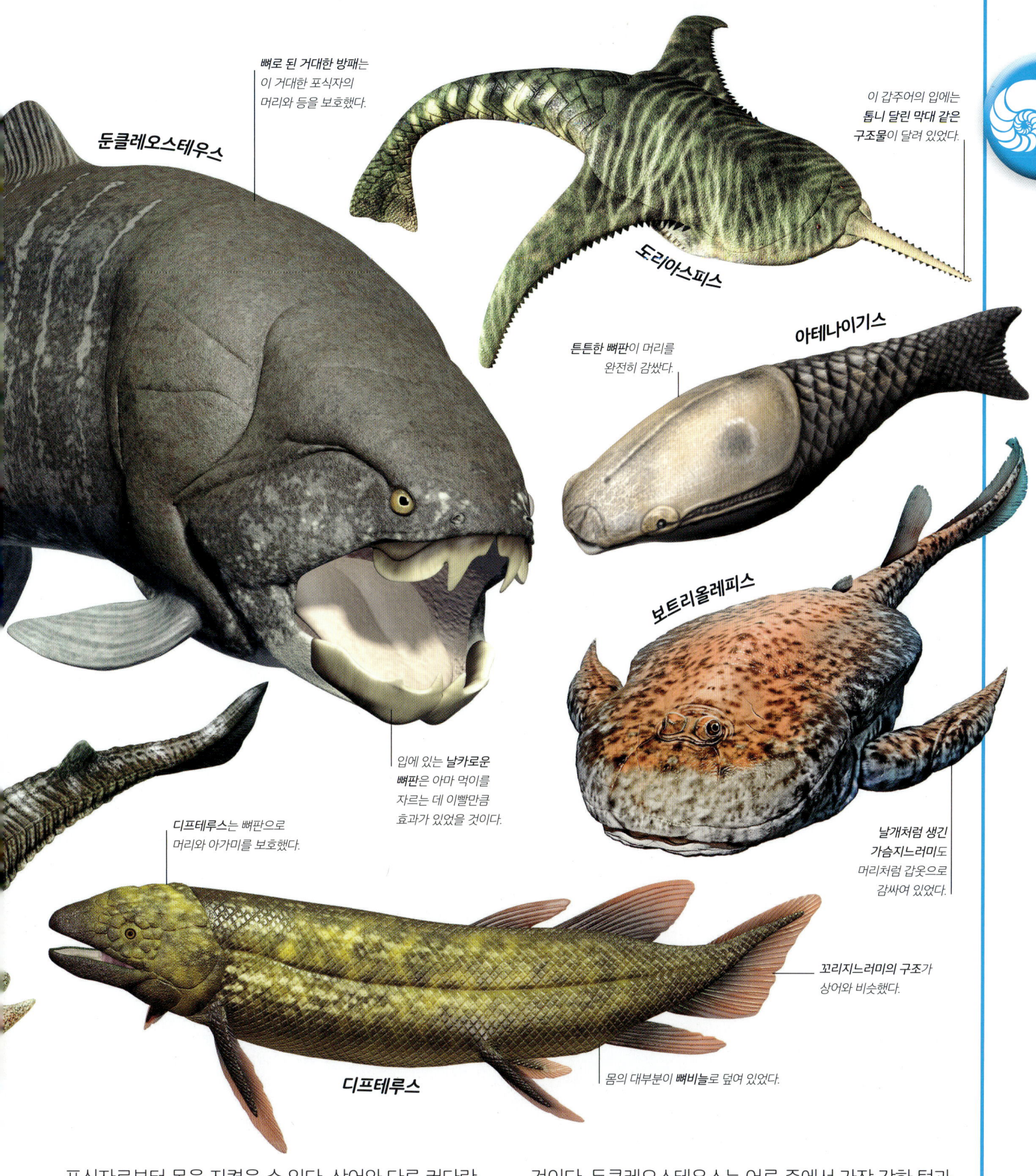

둔클레오스테우스
뼈로 된 거대한 방패는 이 거대한 포식자의 머리와 등을 보호했다.

도리아스피스
이 갑주어의 입에는 톱니 달린 막대 같은 구조물이 달려 있었다.

아테나이기스
튼튼한 뼈판이 머리를 완전히 감쌌다.

보트리올레피스
날개처럼 생긴 가슴지느러미도 머리처럼 갑옷으로 감싸여 있었다.

입에 있는 날카로운 뼈판은 아마 먹이를 자르는 데 이빨만큼 효과가 있었을 것이다.

디프테루스는 뼈판으로 머리와 아가미를 보호했다.

디프테루스
꼬리지느러미의 구조가 상어와 비슷했다.
몸의 대부분이 뼈비늘로 덮여 있었다.

포식자로부터 몸을 지켰을 수 있다. 상어와 다른 커다란 포식자들만이 판피류를 위협할 수 있었을 것이다. 강력한 턱을 지닌 무시무시한 해양 파충류는 1억 년은 더 지난 뒤에야 출현했기 때문이다. 몸집이 현생 백상아리만 했던 **둔클레오스테우스** 같은 판피류는 적이 거의 없었을 것이다. 둔클레오스테우스는 어류 중에서 가장 강한 턱과 두께가 약 5cm에 이르는 뼈판을 갖추고 있었다. 그들이 서로의 공격을 막기 위해서 갑옷을 입었을 가능성도 있다.

초기 육상 생물

이 화석은 약 3억 7000만 년 전에 살았던 최초의 나무 중 하나의 엽상체다.

아르카이옵테리스 화석

스키아도피톤은 키가 약 5cm였다.

컵 모양의 구조에는 새 식물로 자라날 암수 세포들이 들어 있었다.

스키아도피톤

작은 비늘 같은 잎은 햇빛을 이용하여 공기와 물을 당분으로 바꾸었다.

아스테록실론

줄기를 통해서 물을 운반하는 물관 덕분에 아스테록실론은 높이 50cm까지 자랄 수 있었다.

약 5억 년 전까지, 땅 위에는 생명이 전혀 없었다. 대륙은 화성 표면처럼 척박한 바위와 모래뿐이었다. 최초의 육상 생물은 아마도 세균이었을 것이고, 습한 땅 위를 매트처럼 덮으면서 모여 자랐을 것이다. 이어서 세균 매트를 먹고 자라는 곰팡이(균류)가 뒤따라 나타났고, 그들이 죽고 분해되면서 토양을 형성했다. 토양이 생기자 초기 식물이 뿌리를 내릴 수 있었을 것이다. 이런 초기 식물들의 홀씨가 약 4억 7600만 년 전에 형성된 화석에서 발견되었다. 이 식물들은 **아글라오피톤**과 **스키아도피톤** 같은 모습이었을 것이다. 축축한 곳에서 바닥에 붙어 자라는 단순한 이끼

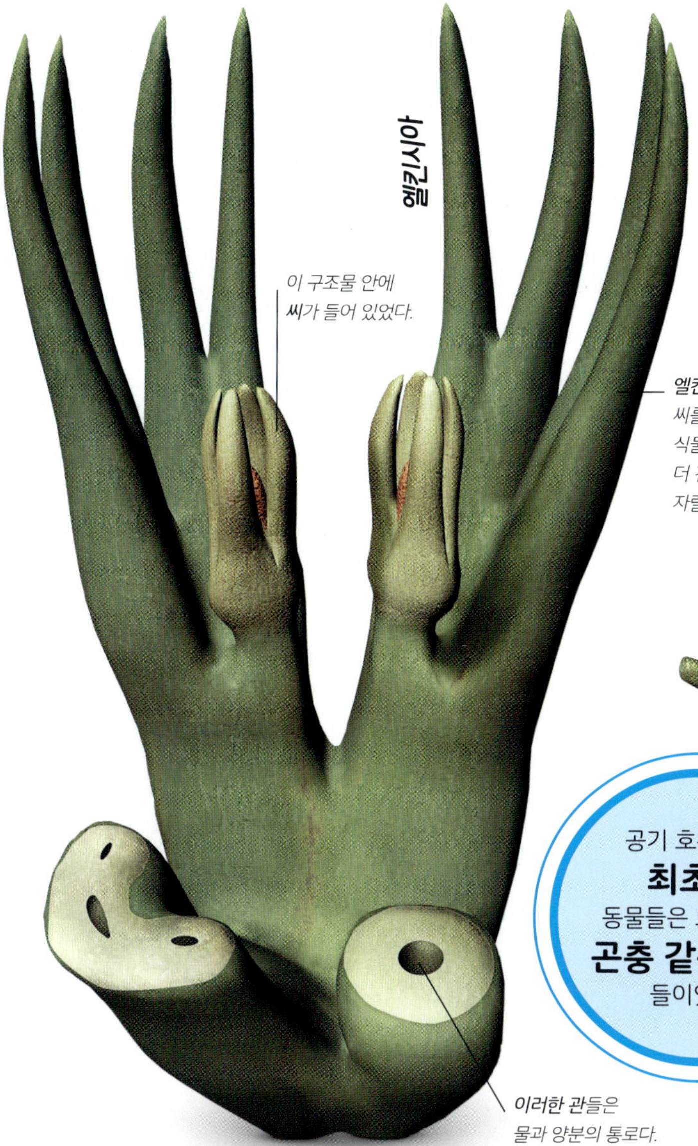

엘킨시아

이 구조물 안에 씨가 들어 있었다.

엘킨시아는 홀씨 대신에 씨를 만든 최초의 식물에 속했다. 덕분에 더 건조한 곳에서도 자랄 수 있었다.

이러한 관들은 물과 양분의 통로다.

아글라오피톤

이 달걀 모양의 주머니 안에서 만들어진 홀씨는 축축한 땅에 떨어지면 새 식물로 자랄 수 있었다.

약 3억 9600만 년 전의 온천 근처에서 발견된 아글라오피톤은 잎 대신에 초록 줄기를 갖고 있었다.

> 공기 호흡을 한 **최초의** 동물들은 모두 작은 **곤충 같은 동물**들이었다.

프로토탁시테스

높이 8m까지 자라는 프로토탁시테스는 약 4억 1500만 년 전 육지에서 장관을 이루었다.

팔라이오카리누스

팔라이오카리누스는 현생 거미처럼 관절로 연결된 다리 8개와 긴 더듬이 1쌍을 갖고 있었다.

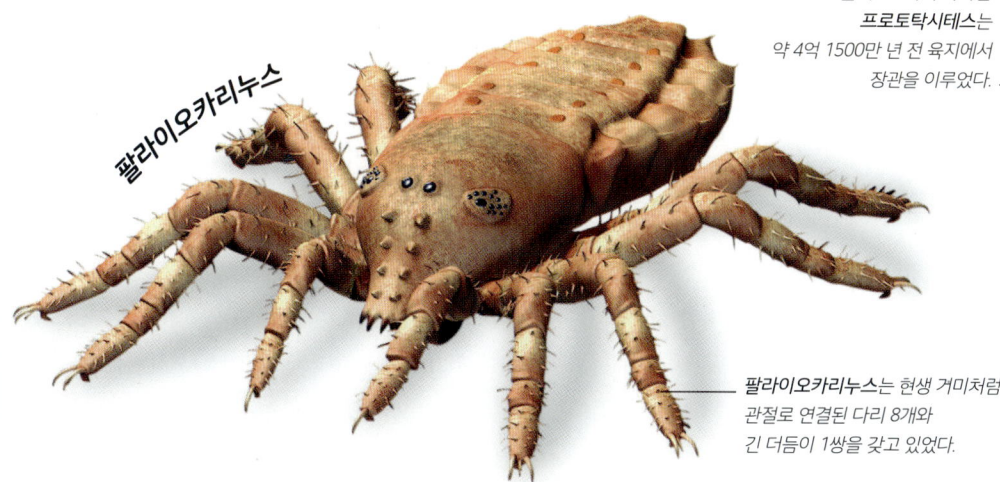

같은 식물이었다. 시간이 흐르면서 식물은 뿌리와 잎 사이에 줄기를 통해 물과 양분을 운반하는 통로를 갖추었다. 물관과 체관 덕분에 식물은 더 높이 더 크게 자랄 수 있었고, 이윽고 높이 6m인 **아르카이옵테리스** 같은 나무가 출현했다. 이 최초의 나무는 치밀한 목질부와 진정한 잎을 갖추었고, 넓은 숲을 이루었다. 한편 곰팡이, 세균, 식물은 노래기인 프네우모데스무스 같은 초기 육상 동물의 먹이가 되었다. 이런 작은 동물들을 사냥하는 거미처럼 생긴 **팔라이오카리누스** 같은 포식자도 등장했다.

거대한 나무

이 화석 잎은 밑동이 심장 모양이었다.

마크로네우롭테리스

이 초기 침엽수는 곧게 높이 뻗은 줄기에 짧은 바늘잎이 달려 있었다.

왈키아

레피도덴드론

이 거대한 석송의 **껍질**은 독특한 마름모 무늬였다.

잎은 양치류처럼 생겼지만, 알레톱테리스는 홀씨가 아니라 씨를 맺었다.

알레톱테리스

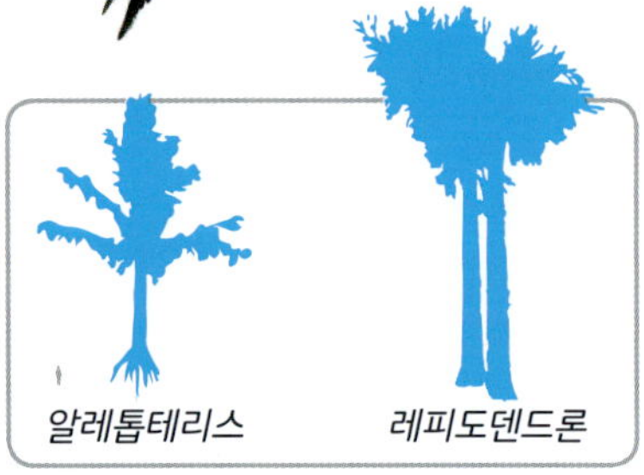

알레톱테리스   레피도덴드론

어류의 시대라고 불리긴 하지만, 데본기는 식물이 육지 서식지에 엄청난 변화를 일으킨 시대이기도 하다.

목질부를 지닌 최초의 나무는 약 3억 8500만 년 전 데본기 후기에 출현하였고, 널리 퍼지면서 최초의 숲을 이루었다. 그 뒤로 석탄기 내내, 즉 약 8500만 년 동안 나무를 비롯한 식물들은 육지를 뒤덮으면서 자라나 동물들이 살아갈 서식지를 조성했다. 이 식물들 중 상당수는 늪에서 자랐고, 죽은 뒤 남은 잔해는 이탄을 형성했다가 이윽고 석탄으로 변했다. **시길라리아**와 **레프도덴드론** 같은 몇몇 나무들은 현생 나무와 비슷해 보였지만,

파립테리스 씨
파립테리스 잎

양치류처럼 생긴 파립테리스는 씨를 맺는 최초의 식물에 속했다.

잎이 떨어지고 남은 자국들이 줄기에 벌집 모양의 무늬를 이루었다.

이 원시적인 식물은 나무고사리를 닮았다.

한때 글로솝테리스는 **남극 대륙**에 **무성한 숲**을 이루었다.

글로솝테리스는 '혀 고사리'라는 뜻이다. 잎 모양에서 딴 이름이다.

시길라리아

아르테미자

이 잎 화석은 현생 고사리 잎과 아주 비슷했다.

글로솝테리스

네우롭테리스 잎

사실은 이끼나 고사리의 친척인 석송류였다. 이 나무들은 아주 높이 자랄 수 있었다. 예를 들어 레피도덴드론은 키가 40m 이상 자랐다. 홀씨를 맺는 현생 고사리나 쇠뜨기와 비슷한 식물도 많았지만, **알레톱테리스**와 **파립테리스**처럼 진정한 씨를 맺는 종류도 있었다. 석탄기 후기에 **왈키아** 같은 식물들이 진화했다. 나중에 공룡의 중요한 먹이가 될 솔방울을 맺는 최초의 침엽수였다.

45

절지동물의 왕국

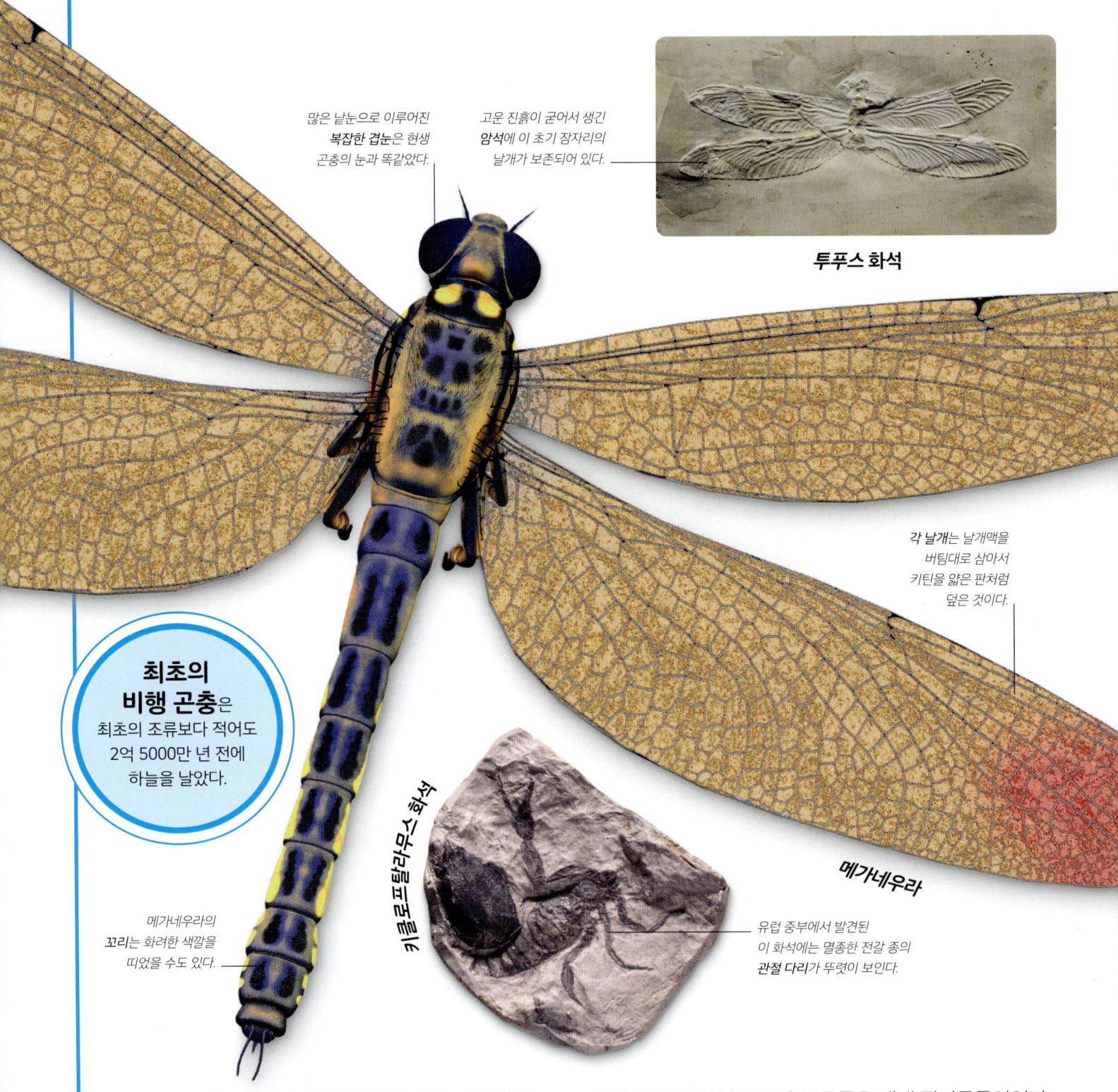

많은 낱눈으로 이루어진 **복잡한 겹눈**은 현생 곤충의 눈과 똑같았다.

고운 진흙이 굳어서 생긴 **암석**에 이 초기 잠자리의 날개가 보존되어 있다.

투푸스 화석

각 **날개**는 날개맥을 버팀대로 삼아서 키틴을 얇은 판처럼 덮은 것이다.

최초의 비행 곤충은 최초의 조류보다 적어도 2억 5000만 년 전에 하늘을 날았다.

메가네우라의 **꼬리**는 화려한 색깔을 띠었을 수도 있다.

아르키밀라크리스 화석

유럽 중부에서 발견된 이 화석에는 멸종한 전갈 종의 **관절 다리**가 뚜렷이 보인다.

메가네우라

높이 자라는 나무류를 비롯한 식물들은 약 3억 5800만 년에서 2억 9900만 년 전에 육지에 드넓은 숲을 이루었고, 많은 작은 초식 동물들에게 먹이를 주었다. 그중에는 지렁이처럼 부드러운 몸을 지닌 동물들도 있었고, 그들이 판 굴이 화석으로 남았다. 그러나 이 시기의 육상 동물 중 화석으로 남은 동물은 대개 절지동물이었다. 즉, 오늘날의 곤충, 거미, 갑각류처럼 튼튼한 겉뼈대와 관절 다리를 지닌 동물들이었다. **에우포베리아** 같은 초기의 노래기와 바퀴의 일종인 **아르키밀라크리스** 같은 초식 곤충이 포함된다. 그리고 작은 초식 곤충들을 잡아먹는

노래기처럼 생긴 **에우포베리아**는 평생 뭍에서 산 최초의 동물들 중 한 종이었다.

이 3억 1000만 년 전의 곤충은 꿰뚫는 구기로 식물에서 즙을 빨아먹었다.

모든 초기 비행 곤충처럼, 스테노딕티아도 잠자리의 날개와 비슷한 두 쌍의 날개로 날았다.

에우포베리아 화석

스테노딕티아

아르키밀라크리스 화석

이 전갈의 길고 가느다란 **집게발**은 더 독이 강한 현생 전갈의 것과 매우 비슷했다.

3억 년 전에 살았던 이 바퀴는 숲 바닥에서 썩어가는 식물을 먹었을 것이다.

갈리오 화석

잘 보존된 이 화석에는 **리토만티스 날개**의 띠무늬가 뚜렷하다.

긴 **꼬리**에는 적을 방어하고 먹이를 잡는 데 쓰이는 강한 침이 있었을 것이다.

리토만티스 화석

지네, 초기 거미, **키클로프탈무스** 같은 전갈, **메가네우라** 같은 곤충도 있었다. 숲에서는 이런 동물들이 부산하게 돌아다녔을 것이다. 특히 새가 등장하기 전이었기에, 곤충이 하늘을 날 수 있는 유일한 동물이었다. 많은 곤충은 생애의 대부분을 날개 없는 애벌레나 굼벵이 같은 상태로 물속이나 땅속에서 지내다가, 성충 때 날개가 돋았을 것이다. 오늘날의 하루살이처럼, 고대의 이 곤충들도 성체가 된 뒤에는 수명이 아주 짧았을지 모른다. 하지만 화석이 되어 수억 년을 살아남을 수 있었다.

하늘을 나는 거인

약 3억 년 전 석탄기의 무성한 숲속을 날아다니던 곤충 중에는 지구 역사상 가장 놀라운 곤충도 있었다. 바로 그리핀잠자리로 알려진 메가네우라다. 메가네우라는 지금은 멸종된 현생 잠자리의 친척이지만, 잠자리보다 훨씬 더 컸다. 화석은 잠자리 친척 중 가장 크다고 알려진 이 메가네우라의 날개폭이 69cm를 넘었음을 알려 준다. 오늘날 가장 큰 잠자리보다 거의 4배 더 컸다.

현생 잠자리처럼 메가네우라도 다른 곤충을 먹는 사냥꾼이었다. 아마 사용한 포식 기법도 잠자리와 같았을 것이다. 공중에서 가시 달린 다리로 먹이를 움켜쥐었다. 그런 뒤에 내려앉아서 강한 턱으로 먹이의 튼튼한 갑옷을 찢고 부드러운 속살을 뜯어 먹었을 것이다. 메가네우라는 물에 알을 낳고, 알에서 깨어난 애벌레는 몇 년 동안 물속에서 지내다가 물 밖으로 나와 하늘을 나는 성체가 되었을 것이다. 메가네우라가 어떻게 현생 잠자리 중 어떤 종보다도 더 크게 자랄 수 있었는지는 정말 쉽게 풀리지 않는 수수께끼다. 대기의 산소 농도가 높아서 곤충이 지금보다 더 크게 자랄 수 있었다는 이론도 있다.

초기 양서류

물갈퀴 달린 발은 주로 노처럼 삼아서 헤엄치는 데 썼다.

뱀처럼 생긴 몸을 지닌 양서류였다.

아칸토스테가

피부는 포식자의 눈에 띄지 않게 위장되어 있었을지 모른다.

크라시기리누스

판데리크티스

작은 다리는 아마 헤엄치는 데에만 쓰였을 것이다.

에리옵스

어류였지만, 공기 호흡을 했을 수도 있다.

튼튼한 뼈대는 물에서 살아가기 알맞았다.

오늘날 우리를 포함하여 육지에 사는 모든 **척추동물**은 이 동물들의 후손이다.

육지로 올라온 최초의 사지류는 양서류였다. 초기 양서류는 오늘날의 개구리나 도롱뇽과 매우 비슷했다. **판데리크티스**와 **에우스테놉테론** 같은 데본기 어류가 초기 양서류의 조상이었다. 그들은 유달리 억센 뼈가 들어 있는 네 개의 지느러미로 몸 아래쪽을 받쳤다. 사지류의 직계 조상인 이 어류들 중 일부는 허파와 입으로 호흡을 함으로써 물 바깥에서 살아갈 수 있도록 진화했다. **아칸토스테가**와 **틱타알릭**은 물 밖에서도 적어도 어느 정도는 살 수 있었을 것이다. 약 3억 5900만 년 전 무렵에는 **암피바무스** 같은 양서류가 물밖에서도 알맞은

틱타알릭

플레게톤티아

튼튼한 뼈가 든 지느러미는 다리로 진화하게 된다.

세이모우리아 화석

세이모우리아 머리뼈는 유달리 두껍고 단단했다.

힘센 꼬리로 물속에서 나아갔다.

에오스테놉테론

몸이 커다란 비늘로 덮여 있었다.

암피바무스

긴 앞다리와 뒷다리는 크기가 같았다.

발을 갖추었지만, 물을 떠나 생존하려면 피부가 축축한 상태를 유지해야 했다. 또 양서류는 알을 낳으러 물로 돌아가야 했다. 모든 양서류의 알은 어류의 알과 비슷해서, 물에 낳아 축축하게 두지 않으면 말라 버리기 때문이다. 이윽고 **에리옵스**와 **세이모우리아**와 비슷한 양서류들은 건조한 땅에서 살아갈 수 있도록 더 잘 적응한 집단으로 진화했다. 그들이 바로 최초의 파충류였다.

파충류의 등장

프로테로기리누스

이 수생 동물은 양서류처럼 살았지만, 파충류형 알을 낳았다.

메소사우루스

스쿠토사우루스

이 초식 공룡은 단단한 뼈판으로 몸을 보호했다.

넓적하면서 튼튼한 머리뼈는 아마 굴을 파는 데 적응했을 것이다.

기둥 같은 짧은 다리로 몸을 바닥에서 높이 띄웠다.

웨스틀로티아나는 **화석이 발견된** 스코틀랜드의 **웨스트로디언** 지역에서 이름을 땄다.

프로콜로폰

홀쭉한 몸과 짧은 다리는 굴을 파는 데 적응했을지도 모른다.

비늘은 피부에서 아주 중요한 수분이 쉽게 빠져나가지 못하게 막았다.

초기 양서류는 육지에 살 수 있었지만, 얇은 피부를 통해서 몸의 수분이 계속 빠져나갔고 살아남기 위해 알을 물이나 축축한 곳에 낳아야 했다. 그러나 석탄기 때 등장한 **프로테로기리누스**와 **웨스틀로티아나**를 비롯하여 양서류와 비슷한 몇몇 동물들은 수분을 간직하는 껍데기로 알을 감싸도록 진화했고, 그래서 메마른 곳에 알을 낳을 수 있었다. 또 몸에서 수분이 빠져나가지 않게 막아 주고 튼튼하면서 방수가 되는 비늘로 뒤덮인 더 두꺼운 피부도 갖추었다. 그들로부터 최초의 진정한 파충류인 **스피노아이쿠알리스**와 **메소사우루스** 같은

스피노아이쿠알리스

스피노아이쿠알리스는 물에 살았지만, 반수생 동물이었다. 번식할 때는 뭍으로 올라왔다.

발은 물속보다 육상 생활에 적합했다.

히페로다페돈

초식 동물인 히페로다페돈은 날카로운 뾰족한 부리를 지녔다.

현생 악어처럼, 메소사우루스는 물에서 사냥을 했다.

웨스틀로티아나

스타고놀레피스

공룡 조상과 먼 친척이었던 트라이아스기의 이 갑옷 파충류는 다양한 먹이를 먹었다.

동물들이 진화했다. 그리고 이 동물들로부터 훗날 도마뱀, 뱀, 악어가 출현했다. 이 새로운 유형의 척추동물은 페름기에 건조한 육지에 정착할 수 있는 이상적인 능력을 갖추었다. 페름기는 2억 9900만 년 전에 시작되었으며, 사막이 드넓게 형성된 시대였다. 페름기 파충류에는 날카로운 이빨을 지닌 사냥꾼뿐 아니라 갑옷을 갖춘 **스쿠토사우루스** 같은 초식 동물도 다양하게 있었다. 일부는 페름기 말의 대량 멸종 때 살아남아서 공룡의 조상이 되었다.

파충류의 분화

공룡 이전 시대

이 단궁류는 몸이 커다란 통 모양이었다.

모스콥스

홀쭉하고 날랜 모습의 에피기아는 새처럼 두 다리로 달렸다.

에피기아

돛은 아마 과시용이었겠지만, 열을 받아들이거나 내보내는 데에도 도움이 되었을 것이다.

디메트로돈

플라케리아스

입 앞쪽에 먹이의 살을 찢는 날카로운 칼 같은 **송곳니**가 있고, 뒤쪽에 가장자리가 날카로운 **이빨**들이 많이 나 있었다.

커다란 엄니 같은 **송곳니 한 쌍**은 아마 땅을 파는 데 쓰였을 것이다.

오피아코돈

반수생 생활을 한 오피아코돈은 힘센 다리를 노처럼 썼을 수도 있다.

약 3억 2000만 년 전, 최초의 공룡이 등장하기 오래전에 일부 파충류는 단궁류라는 동물로 진화했다. 그들은 나중에 포유류를 낳았다. 이 동물들 중 가장 초기 동물 중 하나인 **오피아코돈**은 도마뱀처럼 다리를 좌우로 넓게 벌린 모습이었다. 포식자인 **디메트로돈**과 초식성인 에다포사우루스 같은 종들은 등에 커다란 '돛'이 달려 있었다. 돛은 막대기 같은 척추뼈에 연결되어 있었다. 그 뒤로 지금으로부터 약 2억 9900만 년 전에 이 파충류 비슷한 동물은 디키노돈트라는 동물 집단을 낳았다. **플라케리아스**는 디키노돈트 중에서 가장 큰 축에 속했다.

포스토쿠스는 머리가 거대했다.

등은 작은 뼈판들로 이루어진 갑옷으로 덮여 있었다.

포스토쿠스 같은 지배파충류는 초기 공룡을 잡아먹었다.

악어의 턱 같은 강한 턱에는 날카로운 이빨들이 가득했다.

포스토쿠스

에다포사우루스

이 초식 공룡의 턱에는 뭉툭한 이빨들이 가득했다.

몇몇 비슷한 동물들은 페름기 말에 일어난 대량 멸종 때 살아남아서 키노돈트로 진화했다. 키노돈트는 현대 포유류의 조상이 되었다. 한편 파충류 계통은 이 시기에 지배파충류를 낳았다. 지배파충류는 훗날 악어, 익룡, 공룡, 조류를 낳은 동물 집단이다. **포스토쿠스** 같은 트라이아스기의 더 강력한 지배파충류들은 당대의 최상위 포식자였다. 한편 **에피기아** 같은 종류들은 최초의 공룡과 체격이 매우 비슷했다.

굶주린 사냥꾼
등에 돛을 단 아리조나사우루스가 주변의 양치류와 잘 어울리는 비늘로 덮인 피부로 몸을 위장한 채, 포유류의 친척인 초식성 디키노돈트 무리를 향해 슬금슬금 다가간다. 아리조나사우루스 같은 파충류는 트라이아스기 중기에 살았던 초식 동물들에게 주된 위협이 되었다. 아직 대형 포식자인 공룡이 진화하기 전이어서 아리조나사우루스를 비롯한 파충류가 가장 위험한 사냥꾼이었기 때문이다.

공룡은 트라이아스기에 처음으로 진화해 나타났지만, 오늘날 우리에게 친숙한 이미지처럼 당시에 육지를 지배했던 거대한 파충류는 아니었다. 트라이아스기 세계를 지배한 것은 다른 파충류였다. 이를테면 아리조나사우루스 같은 동물들이었다. 그들도 공룡처럼 지배파충류였지만, 다른 계통으로 진화하여 더 높이 서서 걷는 악어와 비슷한 형태가 되었다. 커다란 턱과 이빨을 지니고, 마주치는 동물은 무엇이든지 잡아먹을 수 있는 종류가 많았다. 아리조나사우루스는 지배파충류 중에서도 뼈에서 뻗어 나온 가시로 지탱되는 높은 '돛'이 등에 난 집단에 속했다. 돛의 기능은 불확실하지만, 같은 종의 경쟁자들에게 과시하는 중요한 역할을 했을 수도 있다.

공룡의 시대

최초의 공룡들

에오랍토르는 이빨이 두 종류다. 식물과 작은 동물을 다 먹었다는 뜻이다.

에오랍토르

헤레라사우루스

길고 좁은 머리뼈에는 고기를 먹는 데 알맞은 톱니가 난 커다란 이빨이 가득한 턱이 있었다.

손에는 손가락이 5개였지만, 손톱은 3개에만 나 있었다.

니아사사우루스

화석이 일부만 남아 있어서 니아사사우루스가 진정한 공룡이었는지는 아직 잘 모른다.

공룡은 세상에서 가장 크고 가장 놀라운 육상 동물로 진화했지만, 시작은 사소했다. 약 2억 4000만 년 전인 트라이아스기 중기에 가장 큰 파충류는 악어처럼 생긴 강력한 지배파충류였다. 이들에게는 **마라수쿠스**처럼 날렵한 몸에 긴 다리를 지니고 몸집이 작은 친척들이 있었다. 마라수쿠스는 몸길이가 겨우 70cm였고, 뒷다리로 걸어서 작은 먹이를 쫓아다녔다. 몸집이 좀 더 크고 공룡과 더 닮은 **실레사우루스**는 체형은 비슷했지만, 작은 동물뿐 아니라 식물도 먹었던 듯하다. 이 가볍고 민첩한 동물들은 최초의 진정한 공룡 중

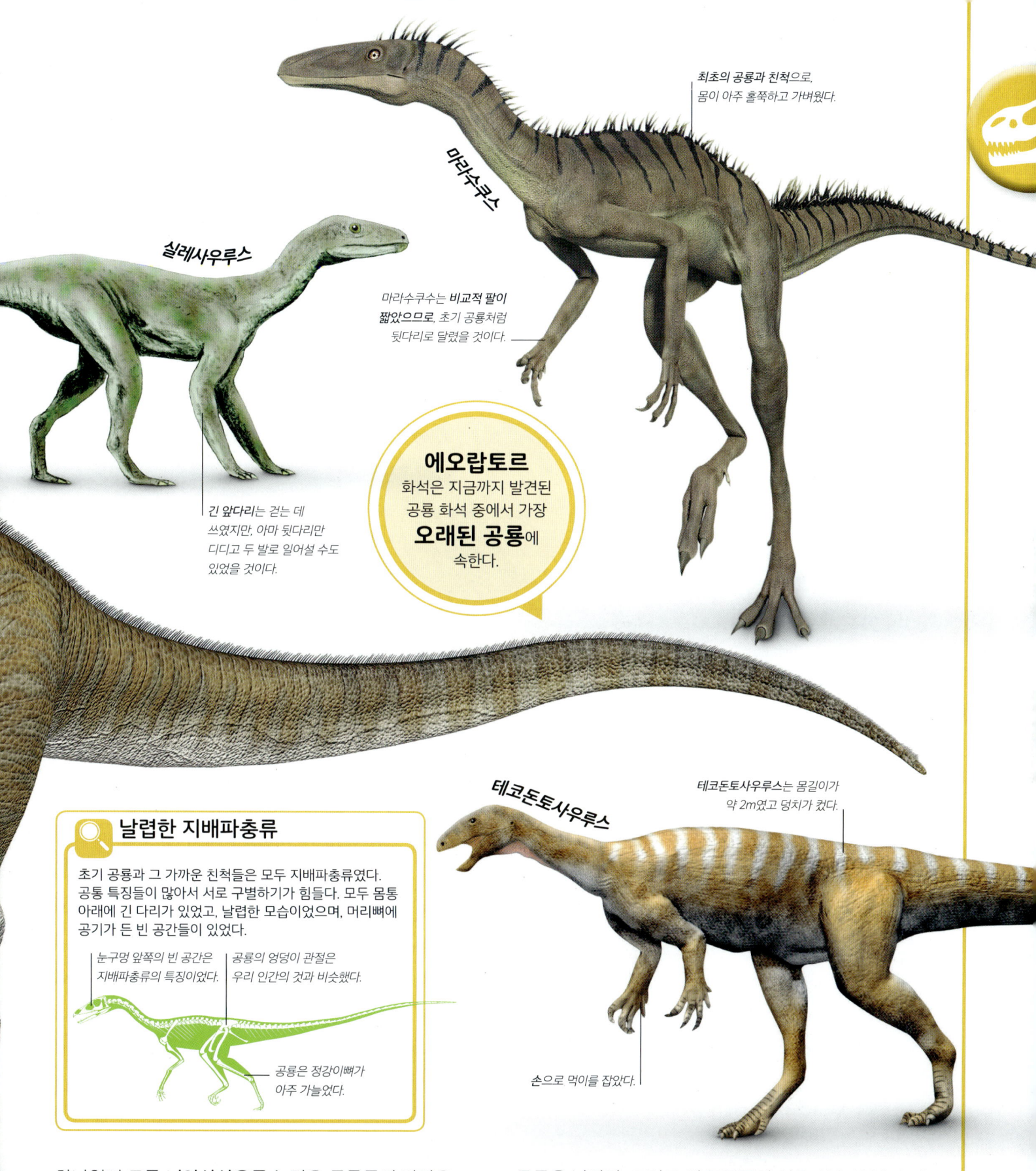

에오랍토르 화석은 지금까지 발견된 공룡 화석 중에서 가장 **오래된 공룡**에 속한다.

- 최초의 공룡과 친척으로, 몸이 아주 홀쭉하고 가벼웠다.
- 마라수쿠수는 비교적 팔이 짧았으므로, 초기 공룡처럼 뒷다리로 달렸을 것이다.
- 긴 앞다리는 걷는 데 쓰였지만, 아마 뒷다리만 디디고 두 발로 일어설 수도 있었을 것이다.
- 테코돈토사우루스는 몸길이가 약 2m였고 덩치가 컸다.
- 손으로 먹이를 잡았다.

날렵한 지배파충류

초기 공룡과 그 가까운 친척들은 모두 지배파충류였다. 공통 특징들이 많아서 서로 구별하기가 힘들다. 모두 몸통 아래에 긴 다리가 있었고, 날렵한 모습이었으며, 머리뼈에 공기가 든 빈 공간들이 있었다.

- 눈구멍 앞쪽의 빈 공간은 지배파충류의 특징이었다.
- 공룡의 엉덩이 관절은 우리 인간의 것과 비슷했다.
- 공룡은 정강이뼈가 아주 가늘었다.

하나일지 모를 **니아사사우루스** 같은 동물들의 가까운 친척이었다. 약 2억 3000만 년 전에 살았던 **에오랍토르** 같은 최초의 진정한 공룡들은 아마 다양한 먹이를 먹는 잡식성이었을 것이다. 최초의 공룡들은 곧 **헤레라사우루스** 같은 특수한 포식자와 **테코돈토사우루스** 같은 초식 공룡을 낳았다. 그리고 이 동물들이 이후 1억 4000만 년 동안 육지를 지배하게 될 거대한 공룡들의 조상이었다.

원시용각류

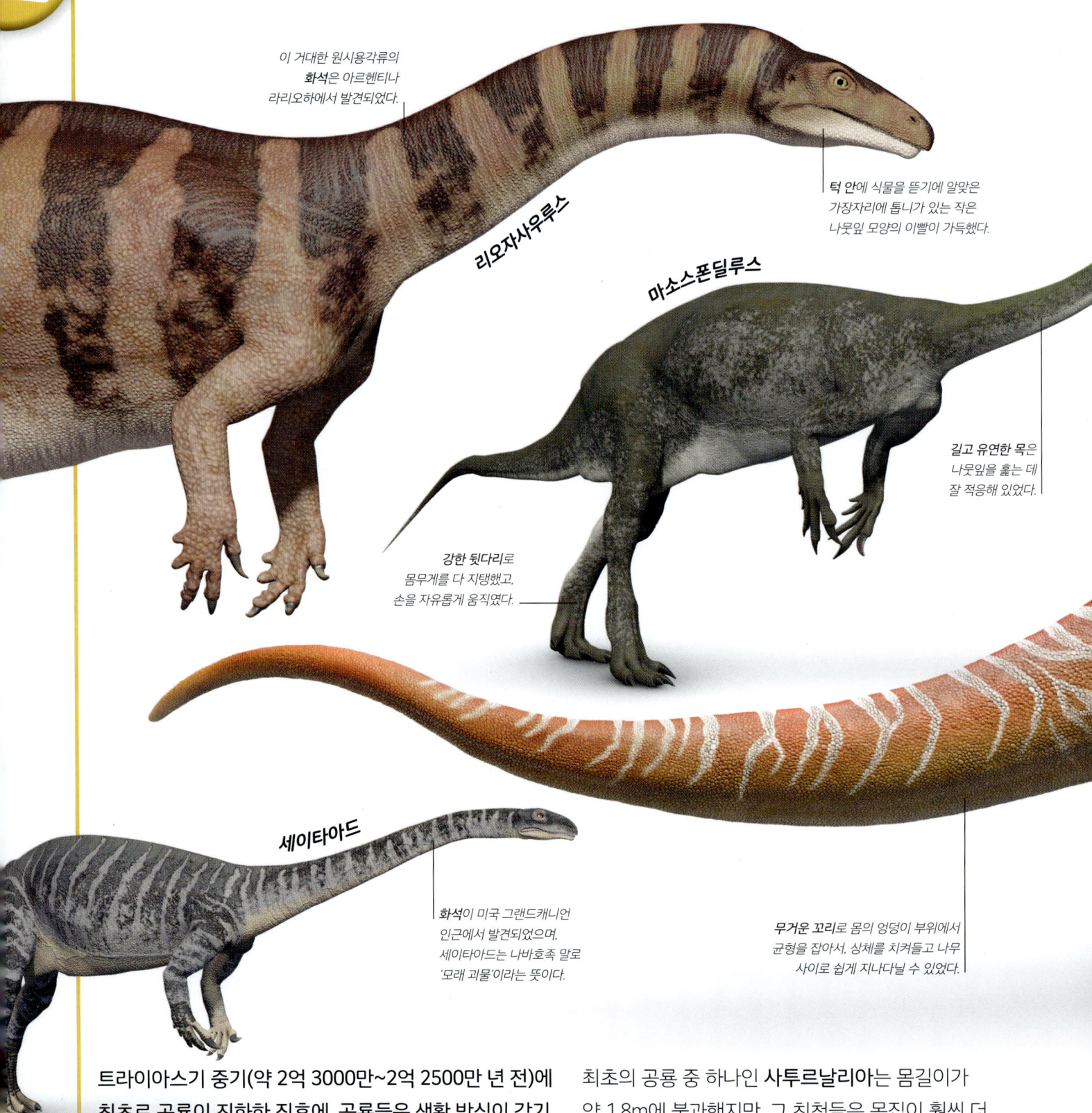

이 거대한 원시용각류의 화석은 아르헨티나 라리오하에서 발견되었다.

리오자사우루스

턱 안에 식물을 뜯기에 알맞은 가장자리에 톱니가 있는 작은 나뭇잎 모양의 이빨이 가득했다.

마소스폰딜루스

길고 유연한 목은 나뭇잎을 훑는 데 잘 적응해 있었다.

강한 뒷다리로 몸무게를 다 지탱했고, 손을 자유롭게 움직였다.

세이타아드

화석이 미국 그랜드캐니언 인근에서 발견되었으며, 세이타아드는 나바호족 말로 '모래 괴물'이라는 뜻이다.

무거운 꼬리로 몸의 엉덩이 부위에서 균형을 잡아서, 상체를 치켜들고 나무 사이로 쉽게 지나다닐 수 있었다.

트라이아스기 중기(약 2억 3000만~2억 2500만 년 전)에 최초로 공룡이 진화한 직후에, 공룡들은 생활 방식이 각기 다른 종들로 분화하기 시작했다. 식물을 먹고사는 쪽으로 진화한 종류도 있었다. 초식 공룡들은 높은 나무의 잎도 뜯을 수 있도록 목이 길어졌지만, 머리는 비교적 작았다.

최초의 공룡 중 하나인 **사투르날리아**는 몸길이가 약 1.8m에 불과했지만, 그 친척들은 몸집이 훨씬 더 커졌다. 트라이아스기 후기에 살았던 **리오자사우루스**는 몸길이가 약 10m였고, 오늘날의 코끼리만큼 무거웠다. 이 공룡들은 거대한 용각류의 조상이었다. 그래서

안키사우루스 — 몸길이가 겨우 2미터인 가볍고 홀쭉한 공룡이며, 원시용각류 중에서 가장 작은 편에 속했다.

트라이아스기 숲의 그늘에 몸을 숨기기 알맞은 위장용 얼룩무늬가 피부를 덮고 있었을지 모른다.

사투르날리아　리오자사우루스

중국에서 발견된 이 원시용각류는 크기가 말만 했고 마소스폰딜루스의 가까운 친척이었다.

플라테오사우루스

힘센 손으로 나뭇가지를 잡아서 입으로 잡아당길 수 있었다.

류펑고사우루스

화석으로 남은 플라테오사우루스의 흔적은 유럽의 **50여 곳**에서 발견되었다.

사투르날리아

가볍고 날랜 사투르날리아는 커다란 야생 칠면조처럼 숲속을 달렸을 것이다.

원시용각류라고 한다. 원시용각류는 두 다리로 서서, 긴 꼬리로 균형을 잡았으며, 짧은 팔로 먹이를 모으는 공룡이었다. **플라테오사우루스**는 4개의 손가락에 강력한 굽은 손톱이 달린 엄지를 갖춘 손으로 먹이를 움켜쥐었다. 강한 손톱은 적의 공격을 방어하는 데 쓰였을 수 있다.

턱을 다물면, 가윗날처럼 윗니가 아랫니와 겹치면서 나뭇잎을 잘랐다. 질긴 섬유질이 많은 잎에서 가능한 한 많은 영양분을 뽑아내기 위해 소화계가 아주 컸다.

용각류

카마라사우루스
- 북아메리카에서 잘 보존된 카마라사우루스 화석이 많이 발견되었다.
- 앞다리뼈는 아주 튼튼해서 몸무게의 많은 부분을 지탱했다.

사우로포세이돈
- 이 기린형 공룡은 작은 머리를 높이 뻗어서 나무 꼭대기의 잎을 따 먹었다.

브론토메루스
- 허벅지 근육이 유달리 컸다. 적을 발로 차서 물리치는 데 유용하게 썼을지 모른다.

아파토사우루스

바라파사우루스
- 몸길이 약 18m였고, 인도의 넓은 숲을 돌아다녔다.

- 위장이 거대해서 많은 잎을 먹을 수 있었다.
- 손뼈는 수직으로 배열되어서 몸무게를 받치는 기둥이 되었다.

버스만 한 몸에 긴 목과 꼬리를 지닌 용각류는 지구를 돌아다닌 공룡 중에 가장 컸다. 이 거대한 공룡들은 초식성이었고, 거대한 몸을 움직일 에너지를 얻으려면 계속해서 식물을 먹어야 했다. 용각류는 약 2억 년 전에 처음 출현했고, 생김새가 **바라파사우루스**와 비슷했다.

원시용각류 조상과 달리, 용각류는 팔로도 몸을 지탱했고, 손은 무게를 받치는 발이 되었다. 그럼에도 많은 공룡은 아마 뒷다리로 일어서서 나무 꼭대기에 있는 잎을 따서 먹을 수 있었을 것이다. **사우로포세이돈**과 **기라파티탄** 같은 공룡들은 엉덩이보다 어깨를 훨씬 더 높이 들어

올리는 데 도움이 되는 긴 팔을 지니고 있었다. 그래서 뒷다리로 일어서지 않고서도 가장 높은 나무까지 닿을 수 있었다. 전형적인 용각류의 단순한 이빨은 나무에서 잎을 물어뜯거나 찢어 내는 데 적응되어 있었다. 씹는 쪽으로는 아니었다. 그들은 잎을 그냥 삼켰고, 그러면 거대한 소화계가 알아서 처리를 했다. **니게르사우루스** 같은 소수의 용각류는 넓은 주둥이 앞쪽에 더 복잡한 이빨을 지니고 있었다. 이런 이빨은 땅바닥에서 자라는 식물을 먹는 데 적응한 것일 수도 있다.

유연한 목

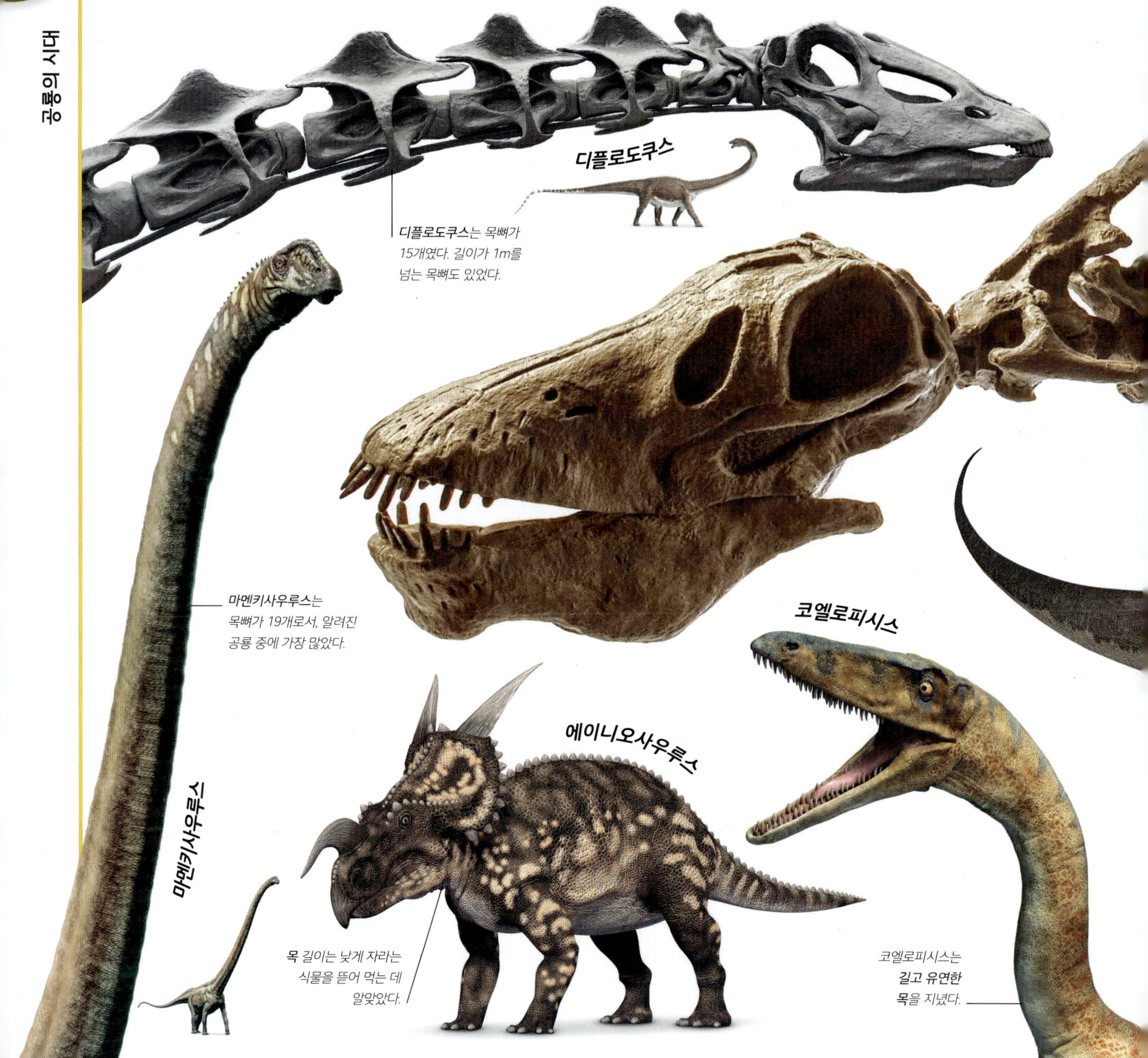

디플로도쿠스는 목뼈가 15개였다. 길이가 1m를 넘는 목뼈도 있었다.

마멘키사우루스는 목뼈가 19개로서, 알려진 공룡 중에 가장 많았다.

목 길이는 낮게 자라는 식물을 뜯어 먹는 데 알맞았다.

에이니오사우루스

코엘로피시스는 길고 유연한 목을 지녔다.

몇몇 공룡들, 특히 초식성 용각류는 머리를 어떻게 치켜들고 있는지 이해하기가 어려울 만치 목이 아주 길었다. 예를 들어 **마멘키사우루스**의 목은 길이가 무려 18m에 달하기도 했다. 완전히 자란 현생 기린의 목보다 8배 더 길다. 공룡의 목뼈나 척추뼈는 속에 빈 공간이 많이 있어서 가벼웠다. 그래서 목이 길어질 수 있었고 그만큼 높은 나무의 잎을 뜯어 먹을 수 있었다. **코엘로피시스** 같은 몸집이 작고 재빠른 포식자는 작은 먹이를 낚아채려 할 때 즉시 곧게 멀리 뻗을 수 있는 S자

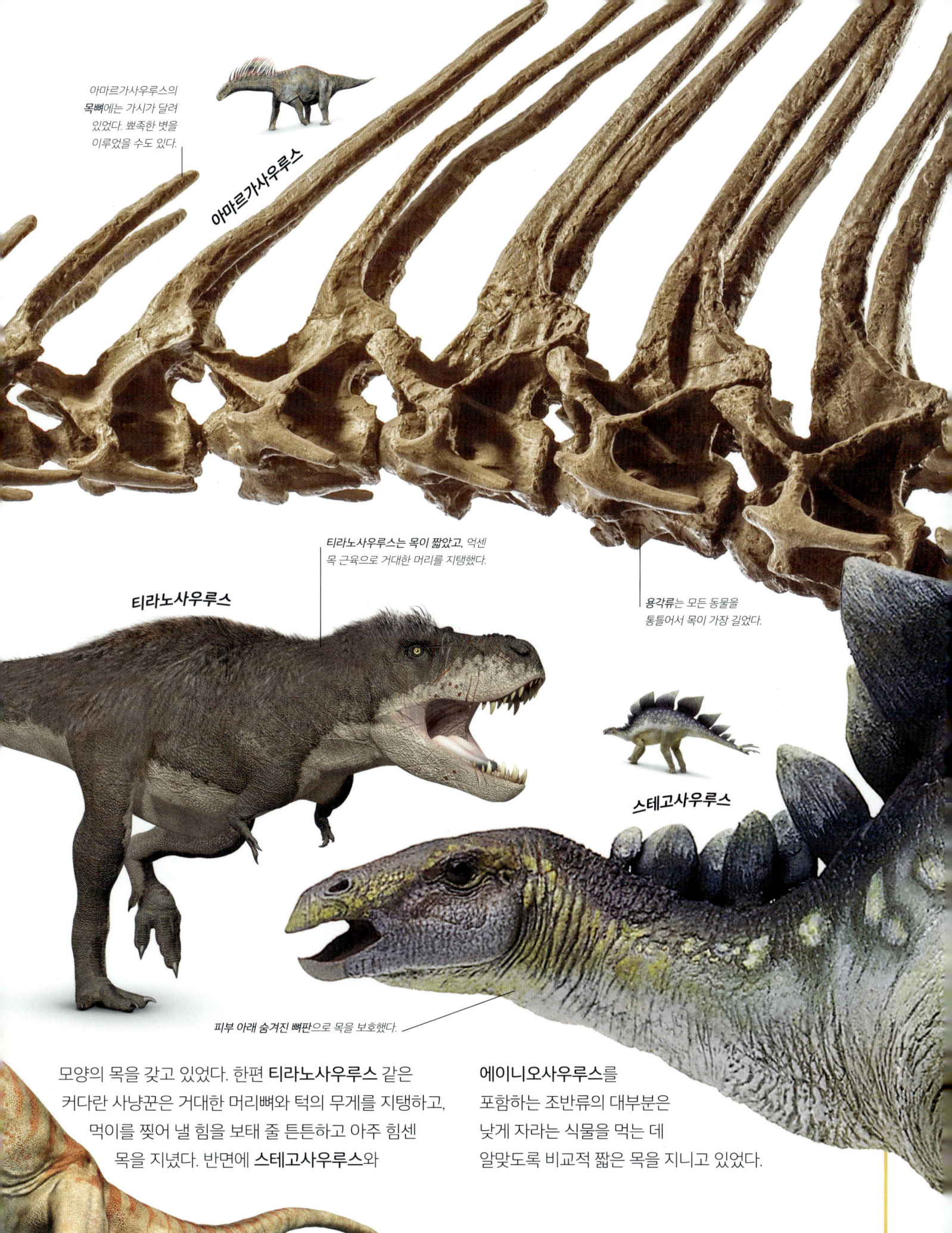

아마르가사우루스의 목뼈에는 가시가 달려 있었다. 뾰족한 볏을 이루었을 수도 있다.

아마르가사우루스

티라노사우루스는 목이 짧았고, 억센 목 근육으로 거대한 머리를 지탱했다.

티라노사우루스

용각류는 모든 동물을 통틀어서 목이 가장 길었다.

스테고사우루스

피부 아래 숨겨진 뼈판으로 목을 보호했다.

모양의 목을 갖고 있었다. 한편 **티라노사우루스** 같은 커다란 사냥꾼은 거대한 머리뼈와 턱의 무게를 지탱하고, 먹이를 찢어 낼 힘을 보태 줄 튼튼하고 아주 힘센 목을 지녔다. 반면에 **스테고사우루스**와 **에이니오사우루스**를 포함하는 조반류의 대부분은 낮게 자라는 식물을 먹는 데 알맞도록 비교적 짧은 목을 지니고 있었다.

티타노사우루스류

파타고티탄은 **아주 긴 목**으로 나무 꼭대기에 달린 잎이나 땅바닥에 자라는 식물까지 따서 먹을 수 있었다.

이빨은 아마 잎줄기를 훑으면서 뜯기에 적합한 아주 작은 숟가락 모양이었을 것이다.

몸길이 약 **30m**였던 드레아드노우투스는 먹성이 아주 좋은 거대 공룡이었다. 이름은 '아무것도 두렵지 않다'는 뜻이다.

작고 목이 짧은 티타노사우루스의 **몸**은 지름이 12cm쯤 되는 뼈판으로 덮여 있었다.

아주 최근까지 과학자들은 거대한 용각류가 지금으로부터 약 1억 4500만 년 전이었던 쥐라기 말 무렵에는 거의 다 사라졌다고 생각했다. 그러나 1980년대 이래로, 용각류 화석이 많이 발견되면서, 용각류가 공룡의 시대가 끝날 때까지 계속 살아남아서 진화했다는 사실이 드러났다. 이 후기 용각류를 티타노사우루스류라고 한다. 티타노사우루스란 이름은 오해를 불러일으킨다. 모두 거인족 티탄처럼 거대하다고 생각하게 만들기 때문이다. 후기 용각류는 분명히 컸고, 정말로 아주 거대한 종류도 있었다. **파타고티탄**은 역사상 가장 큰 육상 동물임이

파타고티탄

거인 중의 거인

파타고티탄 뼈 화석은 2008년 아르헨티나의 파타고니아에서 발견되었다. 뼈가 워낙 커서 파타고티탄은 몸길이가 37m에 달하고, 몸무게는 아프리카코끼리 12마리와 맞먹을 것으로 추정되었다. 이보다 무거운 동물은 대왕고래뿐이다.

티타노사우루스류는 꼬리가 길었지만, 더 이전의 용각류보다는 짧았다.

말라위사우루스는 **머리뼈 화석이 발견된** 몇 안 되는 티타노사우루스 중 하나다. 주둥이 길이가 짧았음을 알 수 있다.

말라위사우루스

몸무게가 엄청났지만, 손뼈의 끝으로 걸었다.

드러났다. 그러나 **살타사우루스**와 **말라위사우루스** 같은 티타노사우루스는 코끼리만 했으며, 용각류의 기준으로 보면 작았다. 티타노사우루스류는 8000만 년 넘게 살면서, 식성과 생활 방식이 제각각인 다양한 종으로 진화했고, 그에 따라서 머리 모양과 체형도 달라졌다. 모습이 다양하긴 해도, 티타노사우루스는 모두 초식 동물이었다. 아주 많은 양의 나뭇잎과 식물들을 뜯어 먹었다. 그들이 무리를 짓고 함께 보금자리를 꾸리고 살았음을 보여 주는 화석 증거도 있다.

피부는 작은 비늘로 덮여 있었고, 좀 더 큰 비늘도 섞여 있었을 것이다.

세계적인 분포 범위

티타노사우루스류는 남아메리카에서 처음 발견되었지만, 그 뒤로 유럽, 인도, 몽골, 중국, 아프리카, 남극 대륙에서도 발견되었다. 티타노사우루스는 전 세계에 퍼져 있었다.

파타고티탄

등 피부에 박힌 골편은 많은 티타노사우루스의 공통 특징인 듯하다. 훨씬 더 무거운 갑옷을 입었던 종들도 있었다.

암펠로사우루스

파타고티탄은 **몸무게의 대부분**을 뒷발로 지탱했다. 발바닥에는 코끼리의 발처럼 충격을 흡수하는 패드가 쐐기 모양으로 붙어 있었다.

티타노사우루스는 여러 가지 면에서 전형적인 용각류였다. 목과 꼬리가 길고, 네 다리로 불룩한 몸통을 떠받치는 구조였다. **파타고티탄**과 **푸에르타사우루스** 같은 거인들은 몸길이와 부피는 물론이고, 특히 몸무게가 육상 동물로서 가능한 최댓값에 가까웠다. 그러나 그들은 큰 몸집 외에 더 색다른 특징들도 지니고 있었다. 이전 용각류보다 앞발이 된 손이 몸무게를 더 잘 지탱하도록 적응되어 있었고, 살타사우루스와 **네메그토사우루스**처럼 더 나중에 등장한 티타노사우루스는 손가락뼈가 아예 없었다. 우리 손바닥에 있는 것과 똑같은 뼈들이 기둥처럼 변해서 몸을 떠받쳤다.

살타사우루스　파타고티탄

목이 긴
푸에르타사우루스는 높이 15m가 넘는 **나무에 달린 잎**도 따 먹을 수 있었다.

이 거대한 티타노사우루스의 목은 길이가 9m에 달했고, 몸길이는 30m에 달했을 수도 있다.

푸에르타사우루스

네메그토사우루스

이 공룡의 머리뼈는 발견된 적이 없다. 그래서 과학자들은 가까운 친척들의 화석을 토대로 모습을 재구성해야 했다.

몽골의 고비사막에서 **머리뼈 화석 한 점**이 발견되었다. 7000만 년 전에 살았던 티타노사우루스의 한 종류이며, 땅 위를 돌아다닌 마지막 거대 공룡 중 하나였다.

티타노사우루스는 가슴이 유달리 넓었다. 양쪽 앞다리 사이가 그만큼 벌어졌다는 의미다. 양쪽 발자국이 넓게 떨어져 있기 때문에, 티타노사우루스 발자국 화석은 쉽게 알아볼 수 있다. 또 많은 티타노사우루스는 이전의 용각류에게 없던 특징도 지니고 있었다. 바로 몸을 덮은 갑옷이었다. **암펠로사우루스**의 피부에는 뼈판이라는 뼈로 된 단단한 판과 가시가 다닥다닥 붙어 있었다. 거대한 포식자의 이빨로부터 몸을 보호하는 역할을 했다.

발자국과 보행렬

> 몽골에서 발견된 발자국 사이의 폭이 **2m**에 달하는 **거대한 발자국**들은 티타노사우루스가 남긴 것이다.

앞발과 뒷발의 발자국 크기가 달랐다.
이구아노돈

안킬로사우루스

뼈 화석은 공룡이 어떻게 생겼는지에 관해 많은 것을 말해 줄 수 있지만, 어떻게 살았는지를 알려 주는 것이 적다. 그러나 발자국 화석은 공룡이 어떻게 걷고 달렸는지, 홀로 살았는지 무리 지어 살았는지를 알려 줄 수 있다. 발자국 하나는 누가 남긴 것인지 외에는 그다지 알려 주는 것이 없다. 가장 흥미로운 정보는 공룡이 죽 걸어가면서 남긴 발자국, 즉 보행렬에서 나온다. 보행렬은 동물이 이동하면서 남긴 발자국의 집합이다. 발자국들의 각도와 거리는 발을 어떻게 움직였는지를 알려 준다. 또 발자국 간의 거리는 걸음 간격도 알려

티타노사우루스

🔍 보폭

공룡의 다리 길이가 얼마인지 알면, 발자국 화석의 보폭을 재어서 공룡이 얼마나 빨리 움직였는지 알아낼 수 있다. 또 이동 속도를 높였는지 늦추었는지도 알 수 있다.

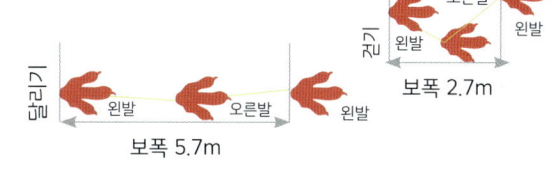

아파토사우루스

코엘로피시스

아르칸토사우루스

3개의 발가락으로 된 발자국은 전형적인 수각류 사냥꾼의 것이다.

주며, 이 간격이 변하면 걷는 속도가 바뀌었다는 뜻이다. 함께 찍힌 크고 작은 발자국들은 한 가족이 움직였음을 의미할 수 있다. 한편 복잡하게 겹쳐 찍힌 발자국들은 한 무리가 이동했다는 증거일 수 있다. 미국 텍사스에서 발견된 1억 1300만 년 전의 보행렬 화석은 이야기를 들려줄 수도 있다. 커다란 용각류의 뒤를 사냥꾼이 몰래 뒤쫓고 있는 상황을 보여 주는 듯하기 때문이다. 사냥꾼은 강력한 수각류인 **아크로칸토사우루스**였을 듯하다. 한 지점에서 두 발자국은 모인다. 아마 포식자가 그 지점에서 공격을 했을지도 모른다.

스테고사우루스류

다켄트루루스

질긴 피부 위를 납작한 마름모꼴 판들이 덮고 있었다.

중간 크기의 공룡으로서, 쥐라기 영국과 프랑스에서 살았다.

로리카토사우루스

아드라티클리트

북아프리카에서 발견된 이 공룡은 스테고사우루스류에서 가장 오래된 종에 속한다.

몸길이 4m로서 스테고사우루스 중에서 가장 작은 편에 속했다.

후아양고사우루스

앞다리가 뒷다리보다 짧아서, 머리가 땅에 더 가까웠다.

검룡, 즉 스테고사우루스는 등을 따라 꼬리까지 두 줄로 **뼈판들이 뾰족하게 솟아올라 있는 생김새가 특이해서, 가장 쉽게 알아볼 수 있는 공룡에 속한다.** 쥐라기에서 백악기 전기에 이르기까지, 스테고사우루스와 모습이 아주 비슷한 스테고사우루스류 공룡은 많았고 세계의 여러 지역에서 살았다. 미국, 유럽, 인도, 중국, 아프리카에 살았다. 모든 스테고사우루스류는 등에 빳빳한 판이나 가시가 줄줄이 나 있었다. 판이 유달리 삐죽했던 **다켄트루루스**와 **켄트로사우루스** 같은 스테고사우루스류 공룡들은 어깨에도 가시가 삐죽삐죽 나 있었다. 몸통에 난

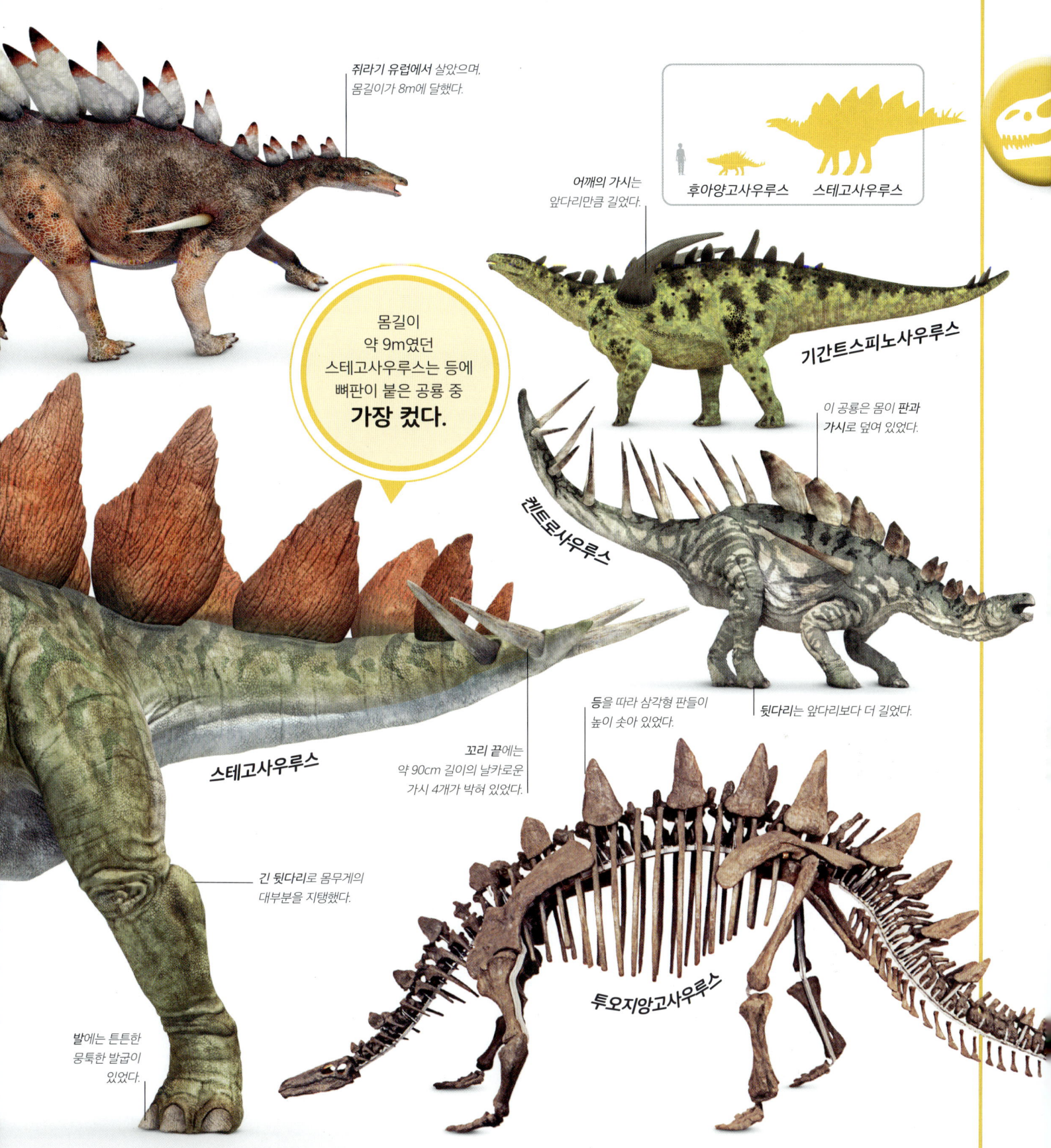

가시와 판은 아마 방어용이었을 것이고, 꼬리 끝에 난 가시는 적을 후려치는 용도로 쓰였을 것이 거의 확실하다. 또 이 멋진 판들은 화려한 색깔로 짝을 유혹하는 데 쓰였을 수도 있다. 모든 스테고사우루스는 초식성이었다. 낮게 자라는 관목을 비롯한 식물들에서 가장 영양가가 높은 부위들을 뜯어 먹는 데 알맞도록 좁은 부리 모양의 입을 지녔다. 한편 이들은 공룡 중에서 몸집에 비해 뇌가 가장 작았다. 몸집이 코끼리만 했던 스테고사우루스의 뇌는 개의 뇌만 했다.

공룡의 꼬리

공룡의 꼬리는 길거나 뾰족하거나 뭉툭하거나 깃털로 덮여 있었고, 생김새에 따라 저마다 용도가 달랐다. 큰 공룡들은 대부분 강한 근육이 붙어 있는 뼈로 된 긴 꼬리를 지녔다. 이런 무거운 꼬리는 머리 및 상체의 무게와 균형을 잡는 데 도움을 주었다. 뒷다리로 서서 걸었던 **시옹구안롱** 같은 공룡에게는 꼬리가 특히 중요했다. 한편 거대한 용각류인 **파타고티탄**은 긴 꼬리를 엄청난 속도와 힘으로 채찍처럼 좌우로 휘둘러서 포식자를 쓰러뜨릴 수 있었다. **후아양고사우루스**의 꼬리는 끝에 두 쌍의 날카로운

깃털 난 꼬리

섬세한 깃털

우리가 아는 공룡 지식은 대부분 뼈에서 얻은 것이다. 그러나 이 고대 호박(굳은 나뭇진) 에는 작은 수각류 공룡의 꼬리가 들어 있다. 근육과 갈색 깃털까지 다 갖추어진 모습이다.

꼬리뼈 4개가 하나로 합쳐져서 무시무시한 곤봉 모양의 무기가 되었다.

뼈로 된 꼬리 곤봉

에우오플로케팔루스

이 포식자의 **꼬리**는 주로 균형을 잡는 데 쓰였다.

시옹구안롱

꼬리는 척추뼈라는 뼈마디들이 유연한 사슬을 형성한 것이다.

코리토사우루스

시노사우롭테릭스는 알려진 **수각류** 중에서 몸집에 비해 **가장 긴 꼬리**를 지녔다.

가시가 달려 있어서 강력한 무기가 되었다. 중간 크기의 용각류인 **슈노사우루스**도 비슷한 적응 형질을 지녔다. **에우오플로케팔루스** 같은 몇몇 안킬로사우루스류는 뼈로 된 거대한 곤봉 모양의 꼬리가 있었다. 꼬리를 쇠망치처럼 휘둘러서 적의 뼈를 으스러뜨렸을 것이다. **카우딥테릭스** 같은 몇몇 작은 수각류 공룡은 현생 조류처럼 짧은 꼬리뼈에 긴 깃털이 달려 있었다. 이 짧은 꼬리를 몸의 균형을 잡거나 짝을 꾀는 데 썼을지 모른다.

치명적인 가시

약 1억 5500만 년 전 북아메리카와 유럽 등지에 살던 케라토사우루스 같은 굶주린 포식자에게 다켄트루루스처럼 몸이 크고 굼뜬 스테고사우루스류는 유혹적인 먹잇감이었을 것이다. 등과 꼬리에 달린 길쭉한 가시들은 분명히 위협적으로 보였지만, 설마 해를 끼칠 수 있을까? 의문스러웠다. 하지만 공격을 시작하면, 케라토사우루스는 곧 알아차렸을 것이다. 쉽지 않다는 것을 말이다.

쥐라기의 또 다른 포식자 알로사우루스의 꼬리뼈 화석에 난 구멍은 스테고사우루스의 꼬리 가시와 완벽하게 들어맞았다. 스테고사우루스가 가시 달린 곤봉 같은 꼬리를 휘둘러 자신을 방어했던 흔적일 가능성이 높다. 다켄트루루스는 바로 그렇게 쓰는 꼬리를 갖추었다. 다켄트루루스의 꼬리 끝에는 날카롭고 튼튼한 가시가 두 쌍 달려 있었다. 케라토사우루스 같은 적 뒤에서 몰래 덮치려 하다가 세게 얻어맞았을 것이다. 습격은 포식자의 흔한 전술이다. 하지만 이 스테고사우루스는 가시 달린 꼬리를 휙 휘둘러서 적에게 끔찍한 부상을 입힐 수 있었다. 눈을 멀게 하거나 심지어 죽일 수도 있다. 다켄트루루스는 굼뜬 초식 동물일지 몰라도, 자신을 지킬 수 있었다.

안킬로사우루스류

피나코사우루스

꼬리는 날카로운 칼 같은 판으로 덮여 있었다.

사우로펠타

몸이 납작하고 넓적해서 포식자가 공격하기가 어려웠다.

남극 대륙에서 발견된 **최초의 공룡**은 안킬로사우루스류인 안타르크토펠타였다.

이 공룡의 화석은 아시아에서 발견되었다. 탈라루루스는 몸이 길고 등에 뼈로 된 징이 줄지어 박혀 있었다.

안킬로사우루스

꼬리 곤봉은 통뼈로 되어 있었다.

사이카니아

탈라루루스

앞다리는 징과 판으로 감싸여 보호되었다.

머리부터 꼬리까지 갑옷으로 몸을 보호한 탱크 같은 안킬로사우루스류는 약 1억 7000만 년 전에 출현했다. 안킬로사우루스들은 굼뜬 초식 동물이었고, 그래서 갑옷이 없다면 포식자에게 쉬운 표적이 되었을 것이다. 스켈리도사우루스 같은 초기 안킬로사우루스류의 친척은 공격하는 모든 공룡의 이빨을 부러뜨릴 만큼 튼튼한 뼈판과 징으로 온몸이 덮여 있었다. 그러나 포식자도 점점 커지고 더욱 강력해졌다. 그에 따라서 **사이카니아** 같은 안킬로사우루스류는 거대하고 강력한 턱을 지닌 티라노사우루스조차도 포기하게 만들곤 했던 두꺼운

공룡의 방어

이 안킬로사우루스의 뼈로 된 곤봉 꼬리는 공격자를 향해 휘둘러서 중상을 입힐 수 있었다.

에우오플로케팔루스의 꼬리

수페르사우루스의 크기

어른 코끼리 6마리만 했던 수페르사우루스에게는 적이 거의 없었다.

알사사우루스의 손톱

이 초식 공룡은 가시 덕분에 실제보다 더 크고 더 무시무시해 보였다.

알사사우루스는 칼 같은 긴 손톱으로 무장했다.

많은 공룡들은 위험 속에서 살았다. 그들 곁에는 강력한 포식자가 있었다. 거대한 턱과 엄청난 식욕을 자랑하는 사나운 육식성 수각류가 대표적인 포식자였다. **수페르사우루스** 같은 몇몇 거대한 공룡은 몸집 때문에 사냥꾼들의 손쉬운 표적이 되었다. 작은 공룡들은 숨거나 달아날 수 있었다. 타조처럼 생긴 공룡인 **스트루티오미무스**가 대표적이었다. **헤테로돈토사우루스**의 등에 난 뻣뻣한 가시는 오늘날 호저의 가시처럼 적을 막았을 것이다. 커다란 초식성 공룡 **켄트로사우루스**는 '가시 도마뱀'이라는 뜻의 이름처럼

이 작은 공룡의 등은 따끔거리는 센털로 뒤덮여 있었다.

헤테로돈토사우루스의 센털

주름장식의 가시는 길이가 약 60cm인 것도 있었다.

스티라코사우루스의 **코뿔**은 길이가 57cm에 달했을 수도 있다.

스트루티오미무스의 속도

긴 다리로 대부분의 적들보다 더 빨리 달릴 수 있었다.

두꺼운 머리뼈는 위험할 때 무기로 쓸 수 있었다.

스티라코사우루스의 뿔

파키케팔로사우루스의 머리

켄트로사우루스의 가시

아주 긴 어깨 가시는 옆에서 오는 공격을 막아 주었다.

뼈판과 가시로 온몸을 둘렀다. 곤봉 꼬리를 지닌 **에우오플로케팔루스**처럼 가시 달린 꼬리를 방어 무기로 써서 공격자에게 휘두를 수 있었다. **스티라코사우루스**는 인상적인 뿔을 지녔고, 구석에 몰렸을 때 특히 유용했을 것이다. **알사사우루스** 같은 공룡들은 적에게 심각한 부상을 입힐 수 있는 굽은 긴 손톱이 손에 달려 있었다. 그리고 뼈 머리를 지닌 **파키케팔로사우루스**는 적의 머리를 먼저 들이받았을지 모른다. 때로는 공격이 최선의 방어였다.

이구아노돈류

오우라노사우루스
오우라노사우루스는 등줄기를 따라서 지느러미 같은 독특한 돛이 펼쳐져 있었다.

드리오사우루스
몸 크기가 양만 했던 드리오사우루스는 발이 길고 뒷다리가 가늘고 튼튼했다. 빨리 달렸음을 의미한다.

가장자리가 날카로운 부리로 식물을 뜯어 먹었다.

테논토사우루스
테논토사우루스는 손에 달린 3개의 길고 날카로운 손톱으로 포식자를 후려쳤다.

캄프토사우루스
손에는 날카로운 엄지 가시가 달려 있었다. 공격자를 찌르거나 질긴 식물을 찢는 데 썼을지 모른다.

이구아노돈의 이빨은 발견되어서 과학적으로 연구된 **최초의 공룡 화석 중 하나였다.** 이구아노돈은 초식성 조각류 중에서 가장 큰 편에 속한다. 그 화석은 1822년 영국에서 발견되었고, '이구아나의 이빨'이라고 불렸다. 오늘날의 이구아나에게서 볼 수 있는 나뭇잎 모양에 아주 작은 이빨과 형태가 비슷했기 때문이다. 그 뒤로 이구아노돈의 뼈대 전체가 많이 발견되었고, 프랑스에서는 적어도 38마리가 발견되었다. 따라서 1억 3500만~1억 2500만 년 전에 이구아노돈은 아주 흔한 동물이었을 것이다. 그러나 이구아노돈과 비슷한 공룡들도 많이

살았다. 그들은 모두 뒷다리가 강하고 짧았고, 팔은 더 약했고, **드리오사우루스**처럼 몸집이 작은 종들은 뒷다리로 걸었을지도 모른다. **테논토사우루스**, **무타부라사우루스**, 그리고 코끼리만 한 이구아노돈을 비롯한 많은 종들은 더 무거웠고, 팔로도 몸무게를 일부 지탱했다. 그렇긴 해도, 발굽 같은 가운데손가락, 움직이면서 움켜쥘 수 있는 새끼손가락, 방어 무기로 썼을지 모를 단단한 가시가 달린 엄지를 갖춘 손으로 다양한 일을 할 수 있었다.

초식 공룡들

프로토케라톱스

모든 케라톱스류는 잎을 씹기 위해 입에 어금니가 빽빽하게 들어 있었다.

디플로도쿠스

디플로도쿠스는 말뚝 같은 이빨을 갈퀴처럼 썼다.

니게르사우루스

이 **공룡**은 이빨이 **1,000개**가 넘었다.

에드몬토사우루스

턱 앞쪽에는 넓적한 부리가 있었다.

하드로사우루스류

초식 공룡은 이빨을 다양한 방식으로 사용했다. 목이 긴 용각류와 그 친척들, 예를 들어 **디플로도쿠스** 같은 동물들은 식물을 뜯는 용도에 적합한 앞니를 지니고 있었다. 잔가지나 덤불에서 빗질을 하듯이 이빨로 잎을 죽 훑어서 뜯어내는 공룡도 있었다. 잎을 씹지 않고 그냥 삼킨 듯한 공룡도 많았다. 한편 **에드몬토사우루스**와 **프시타코사우루스** 같은 공룡들은 잎을 뜯는 데 알맞은 날카로운 부리와 씹는 데 알맞은 어금니를 지니고 있었다. **이구아노돈** 같은 몇몇 공룡들은 잎을 자르기에 알맞도록 가장자리가 톱니처럼 생긴 이빨이 있었지만,

카마라사우루스

카마라사우루스는 말뚝 같은 긴 이빨로 갈퀴처럼 잎을 죽 훑어 먹었다.

턱 운동

현생 초식 동물은 대부분 식물을 씹는다. 턱을 복잡하게 움직여서 이빨을 맞대어 식물을 짓이긴다. 턱이 위아래, 좌우, 앞뒤로 움직인다. 초식 공룡의 머리뼈와 턱뼈를 보면, 일부 공룡이 그런 움직임을 보였다는 증거가 있다. 프시타코사우루스와 많은 하드로사우루스류의 턱은 앞뒤로 미끄러질 수 있었고, 안킬로사우루스류는 양처럼 턱을 좌우로 움직여서 씹을 수 있었을 것이다.

턱을 다물리는 근육은 단단한 광대뼈에 붙어 있었다.

턱 관절

턱은 앞뒤로 미끄러질 수 있었다.

프시타코사우루스

이구아노돈

이구아노돈의 **납작한 이빨**은 가장자리가 톱니 모양이었다.

이 잎 모양의 이빨은 잔가지에서 잎을 뜯어 먹는 데 알맞았다.

에드몬토사우루스

앞니는 낮게 자라는 식물을 뜯어 먹는 데 알맞았다.

앵무 부리 모양의 부리로 식물을 뜯어 먹었다. 부리는 아마도 견과를 부수는 데 쓰였을 것이다.

빽빽하게 들어선 **이빨** 수백 개로 식물을 씹었다.

프시타코사우루스

초식 공룡들

에드몬토사우루스 같은 하드로사우루스류는 이빨이 수백 개씩 빽빽하게 들어 있어서 줄칼과 비슷했다. 이빨로 나뭇잎을 비롯한 식물체를 짓이겨서 죽처럼 만들었다. 그래서 먹이를 소화하기가 더 쉬워졌고, 하드로사우루스는 먹는 데 많은 시간을 보낼 필요가 없었다. 모든 공룡들이 그렇듯이 오래되고 손상된 이빨은 새 이빨로 계속 교체되었기에, 이빨이 다 닳아서 못 먹는 일은 없었다.

하드로사우루스류

사우롤로푸스

볏은 뒤쪽으로 기울어져 있었다.

람베오사우루스

이 특이한 볏은 나이를 먹으면서 모양이 달라졌다.

뒤쪽으로 뻗은 볏은 길이가 1m까지 자라며, 속이 빈 뼈로 떠받쳤다.

에드몬토사우루스

일부 에드몬토사우루스는 머리가 납작했다.

주둥이는 길고 넓적했다.

에드몬토사우루스가 커다란 혹이 가득한 비늘 피부였다는 **화석 증거**가 있다.

하드로사우루스는 **몸길이**가 약 9m였다.

하드로사우루스　샨퉁고사우루스

하드로사우루스는 1억~6600만 년 전 백악기에 살았다. 하드로사우루스들은 남북아메리카, 유럽, 아시아의 숲과 습지를 돌아다녔다. 그들은 대형 초식 공룡이었고, 잎을 뜯는 데 쓰는 넓적한 오리 부리를 지닌 종류가 많았다. 하드로사우루스의 이빨과 턱은 더 초기의 이구아노돈류의 것과 비슷했지만 더 복잡했다. 하드로사우루스는 턱에 수백 개의 이빨이 줄칼처럼 줄줄이 나 있었다. 이 이빨로 질긴 식물체를 짓이겨서 소화하기 쉬운 걸쭉한 펄프로 만들었다. 그럼으로써 **에드몬토사우루스** 같은 하드로사우루스는 먹이로부터 가능한 한 많은 영양소를

마이아사우라

헬멧 같은 볏은 짝을 꾀기 위해 화려한 색깔을 띠었다.

등에는 뼈로 된 높은 등마루가 있었다.

코리토사우루스

마이아사우라 새끼 화석들은 모든 어린 동물처럼 어린 공룡도 다른 부위들에 비해 머리, 눈, 발이 컸음을 보여 준다.

하드로사우루스류

몸길이 약 15m로서, 알려진 하드로사우루스 중에서 가장 컸다.

파라사우롤로푸스

산퉁고사우루스

턱에는 어금니가 무려 1,500개 넘게 있었다.

하드로사우루스

하드로사우루스는 **북아메리카**에서 발견된 최초의 공룡이었다.

작은 앞발에는 몸무게 부담이 많이 가해지지 않았다.

흡수할 수 있었다. 또 **람베오사우루스**를 비롯한 많은 하드로사우루스류는 머리에 인상적인 볏이 달려 있었다. 짝을 꾀거나 체온 조절에 쓰였을 수 있다.

파라사우롤로푸스 같은 몇몇 종의 볏은 뼈로 된 관을 이루었다. 코끼리가 뿌 하는 소리처럼 소리를 증폭시키는 역할을 했을지도 모른다. 이들은 무리를 지어 살았고, 백악기 세계의 숲을 돌아다닐 때 서로 소리를 내어서 무리를 유지했다.

멋진 볏

코리토사우루스는 '헬멧 도마뱀'이라는 뜻이다. 머리에 헬멧 같은 커다란 볏이 나 있었기 때문이다.

코리토사우루스

속이 비어 있는 멋진 볏이 코에서부터 머리 뒤쪽으로 뻗어 있었다. 볏은 아마 나팔처럼 쓰였을지 모른다.

파라사우롤로푸스는 공룡 중에서 **가장 긴 볏**을 지녔다. 볏의 길이는 약 1m였다.

이 사냥꾼의 볏은 주둥이의 대부분에 걸쳐 뻗어 있었다.

모놀로포사우루스

주둥이 위쪽으로 **납작한 볏이 두 개** 뻗어 있었다.

파라사우롤로푸스

딜로포사우루스

많은 공룡의 머리뼈는 인상적인 볏을 지탱하기 위해 필요했을 듯한 독특한 형태를 띠고 있었다. 그런 뼈를 소나 양의 뿔처럼 단단한 케라틴으로 이루어진 구조물이나, 화려한 피부가 덮고 있었을 것이다. **코리토사우루스, 올로로티탄**, 특히 **파라사우롤로푸스** 같은 하드로사우루스류는 공룡 중에서도 가장 눈에 띄는 볏을 지녔다. 이 볏을 이루는 뼈는 속이 비어 있어서, 아마도 소리를 증폭시키는 역할을 했을 것이다. 많은 하드로사우루스류의 볏 속에 있는 빈 공간이 콧구멍과 연결되어 있었기 때문이다. 그러나 볏을 지닌 공룡이

머리뼈 꼭대기에 앞쪽으로 굽은 얇은 뼈판들이 있었다.

부채 모양의 볏을 덮은 **피부**에는 아마 화려한 색깔의 무늬가 있었을 것이다.

크리올로포사우루스

올로로티탄

뼈로 된 마루 겉에 질긴 케라틴으로 된 볏이 있었다.

람베오사우루스

특이한 도끼 모양의 볏이 앞으로 구부러져 있었다.

키티파티

하드로사우루스류만은 아니었다. 몇몇 육식성 수각류도 볏을 지니고 있었다. 남극 대륙에서 발견된 **크리올로포사우루스**도 볏이 있었고, **딜로포사우루스**는 쌍으로 된 볏을 지녔다. 또 **키티파티**처럼 부리가 달려 있고 새와 생김새가 비슷한 오비랍토르류도 머리에 볏이 있었다. 오늘날 많은 현생 조류에게서 볼 수 있는 색이 화려한 깃털처럼, 이 볏들도 과시용이었다.

공룡의 알

이 공룡 알은 농구공만 한 크기였다.

용각류 알

둥지는 흙을 쌓아 짓고 양치류와 잔가지로 안감을 댔다.

마이아사우라 둥지

공룡 새끼는 처음에는 아주 작지만, 금방 자랐다.

살타사우루스

한 둥지 자리에서 **살타사우루스 알** 수천 개가 발견되었다. 8000만 년 전에 낳은 알이다.

오늘날 살아있는 동물들 중에서 가장 가까운 친척들인 **조류 및 악어류와 마찬가지로, 모든 공룡은 알을 낳았다.** 일부 공룡의 알은 껍데기가 가죽처럼 부드러웠지만, 대부분은 조류의 알처럼 껍데기가 단단한 석회질이었다. 몇몇 화석이 발견된 지역에는 알껍데기 조각들이 가득 흩어져 있다. 알이 온전한 모습으로 발견된 곳을 보면, 공룡이 땅에 만든 둥지에 알을 낳았던 것이 분명하다. **용각류** 같은 가장 큰 공룡들은 알을 따뜻한 흙속에 파묻거나, 오늘날의 악어처럼 썩어가면서 열을 내는 식물 더미 안에 묻었던 듯하다. 이런 온기는 알이 부화하는 데

거대한 알

거대한 조류형 공룡인 베이베일롱 시넨시스의 알은 공룡 알 중에서 가장 큰 편이다. 이 알은 중국에서 폭이 9m인 둥지 안에서 발견되었다.

용각류 배아

눈은 부화할 때가 되어야 비로소 떴다.

노른자에는 알 속에서 배아가 자라는 데 필요한 양분이 다 들어 있었다.

오비랍토르 둥지

이 알 화석은 몽골 고비사막에서 발견되었다.

스테노니코사우루스 배아

알껍데기는 튼튼했지만 산소가 통과하여 배아에게 들어갈 수 있을 만큼 얇았다.

스테노니코사우루스 새끼는 머리를 다리 사이에 집어넣고 있었을 것이다. 이 공룡은 깃털 난 수각류였다.

약 40개까지 모여 있는 알 무더기가 발견됐다. 이 알은 거의 공 모양이었다.

티타노사우루스류 알

반드시 필요했다. **오비랍토르** 같은 훨씬 더 작고 가벼운 공룡들은 오늘날의 새들 대다수가 하듯이, 알을 품어서 온기를 유지했다. 알 위에 앉은 채로 화석이 된 성체 공룡의 흔적이 발견되었기 때문이다. 마니랍토르라는 팔이 긴 깃털 달린 수각류 공룡은 긴 '날개' 깃털로 알을 품어서 보호했을 수도 있다. 하드로사우루스류인 **마이아사우라** 같은 몇몇 공룡은 먹이를 구해 주고 포식자를 쫓는 등 갓 부화한 새끼도 돌보았다. 마이아사우라의 이름은 '좋은 엄마 도마뱀'이라는 뜻에서 붙여졌다.

공룡 어린이집

약 1억 2500만 년 전, 지금의 중국 동부 지역에서 격변이 일어나 프시타코사우루스의 둥지가 진흙 사태 또는 화산재로 뒤덮였다. 프시타코사우루스 새끼들은 6세로 추정되는 반쯤 자란 성체 한 마리와 함께 묻혔다. 2004년에 발견된 이 화석은 프시타코사우루스 새끼가 알에서 부화한 뒤에 보살핌을 받았으며, 보호자는 부모가 아닐 수도 있음을 입증하는 듯하다.

오늘날 명금류에서 늑대에 이르기까지 많은 현생 동물들은 반쯤 자란 성체들이 부모를 도와서 어린 동생들을 돌보는 확대 가족을 이룬다. 타조 같은 몇몇 새는 집단 둥지에 알을 낳고, 어린이집처럼 새끼를 함께 돌본다. 이 프시타코사우루스의 둥지에는 새끼가 34마리나 있었다. 엄마가 두 마리 이상이었을 가능성이 높으며, 보모가 이 새끼들을 돌보고 있었을 가능성도 있다. 보모는 아마 새끼들 중 몇몇의 손위 형제자매였을 것이다. 그렇다면 새끼들을 한데 모아 돌보는 육아 방식이 공룡들에게 흔했을지도 모른다. 프시타코사우루스는 초기 각룡류였다. 즉 트리케라톱스 같은 공룡들의 조상이었다. 아마 이들의 후손인 뿔 달린 거대 공룡들도 조상과 마찬가지로 새끼를 돌보았을 것이다.

파키케팔로사우루스류

놀라울 만치 두껍고 튼튼한 머리뼈 덕분에 '뼈머리'라는 별명이 붙은 파키케팔로사우루스류는 정말 다른 공룡들과 구별되는 특이한 모습이었다. 뼈머리 공룡 중 가장 큰 종류는 파키케팔로사우루스였다. 파키케팔로사우루스의 머리뼈 화석 중 지금까지 발견된 가장 큰 것은 뼈 두께가 40cm에 달했고, 작은 뼈 가시들이 고리처럼 주위로 뻗어 나와 있었다. 이 튼튼한 머리뼈는 지위를 놓고 경쟁자끼리 싸우느라 머리로 서로를 계속 들이받을 때 뇌를 보호했을 것이다. 그러나 파키케팔로사우루스류의 머리뼈가 모두 이런 형태였던 것은 아니다. 몸집이 작은 호말로케팔레는

위가 납작한 **머리뼈**는 충격을 잘 견디지 못했다.

호말로케팔레

머리가 둥글면서 기울어진 모양이었다.

프레노케팔레

파키케팔로사우루스

길고 튼튼한 뒷다리로 몸무게를 지탱했다.

지금까지 **발견된** 파키케팔로사우루스의 화석은 오직 **머리뼈**뿐이다.

두꺼운 머리뼈

머리뼈의 위쪽은 통뼈였다.

파키케팔로사우루스의 머리뼈는 다른 공룡들의 머리뼈보다 20배 두꺼웠고, 비교적 작은 뇌를 안전하게 보호했다. 머리뼈 화석에서는 뼈가 손상된 흔적이 종종 보인다. 부서진 머리뼈는 파키케팔로사우루스들이 머리를 맞부딪히면서 싸우곤 했다는 이론을 뒷받침한다.

정수리가 납작했고, **스티기몰로크**는 머리가 작은 돔 모양에 훨씬 더 긴 뿔이 나 있었다. 그러나 일부 과학자들은 이 작은 동물들이 파키케팔로사우루스의 어린 형태일 뿐이라고 본다. 이 공룡들의 화석은 수가 아주 적긴 하지만, 파키케팔로사우루스류가 빠르고 날랜 종류였음을 보여 준다. 또 이들은 다른 초식 공룡들처럼 잎 모양의 이빨을 지니고 있었고, 턱 앞쪽에 난 앞니는 끝이 뾰족했다. 이는 그들이 잡식성이었을 수도 있음을 시사한다.

뿔룡

공룡의 세계

프시타코사우루스 트리케라톱스

거대한 목 주름장식은 가장자리에 가시가 나 있었다.

곧은 뿔이 뼈로 된 주름장식 위로 자라나 있었다.

목 주름장식은 가장자리가 물결무늬였다.

독특하게 굽은 코뿔은 코뿔소의 뿔을 닮았다.

에이니오사우루스

긴 뿔이 눈 위에 앞으로 굽은 모양으로 나 있었다.

펜타케라톱스

주름장식은 등의 대부분을 뒤덮을 정도로 아주 길었다.

작은 뿔이 양쪽 뺨에 나 있었다.

작은 코뿔이 있었다.

토로사우루스

프시타코사우루스

백악기 전기의 이 뿔룡은 주름장식도 정교한 뿔도 없었다.

복잡한 목 주름장식, 거대한 뿔, 앵무새 같은 부리를 지닌 **뿔룡류**는 가장 인상적인 공룡 중 하나이다. 그중 가장 잘 알려진 **트리케라톱스류**는 코끼리만 한 동물로, 머리에 길이가 1.5m까지 자라는 뿔이 3개 달리고 머리뼈 뒤쪽에는 뼈로 된 커다란 주름장식이 달려 있었다.

펜타케라톱스는 더욱 화려했다. 아마도 화려한 색깔을 띠었을 거대한 주름장식의 가장자리에 가시까지 나 있었다. 이들은 **프시타코사우루스**처럼 몸집이 더 작은 조상들로부터 진화했다. 프시타코사우루스는 두 다리로 걸을 만큼 가벼웠지만, 후대에 등장한 후손 공룡들은 네

목 주름장식이 원형이었다.

나수토케라톱스의 뿔은 독특하게도 앞으로 쭉 뻗어 있었다.

주름장식은 뼈로 된 틀에 색깔을 띤 피부가 덧씌워진 것이었다.

카스모사우루스

나수토케라톱스

긴 뿔은 끝이 뾰족했다.

트리케라톱스

앵무 부리 모양의 **거대한 부리**로 질긴 식물도 찢어먹었다.

위로 솟은 **굽은 뿔**이 악마의 뿔처럼 보인다.

디아블로케라톱스

몸무게를 지탱하는 억센 발은 발가락마다 끝에 뭉툭한 발굽이 달려 있었다.

다리를 모두 써서 몸무게를 지탱해야 했다. 뿔룡류는 초식성이어서 식물을 뜯는 부리가 있고, 질긴 잎을 자르는 이빨들이 촘촘하게 나 있었다. 모든 공룡들이 그렇듯이, 닳은 이빨은 새 이빨로 계속해서 대체되었다. 언제나 무뎌지지 않는 주둥이로 문제없이 식물체를 뜯어 먹을 수 있었다. 뿔룡은 무리를 지어 살았다. 아마 포식자에게 맞서는 방어 전략으로 무리 생활을 했을 것이다. 화석 증거로 볼 때, 뿔룡류는 약 7400만~6600만 년 전까지 북아메리카 서부에 흔했다. 트리케라톱스는 지구에서 마지막까지 돌아다녔던 거대 공룡 중 하나였다.

머리 맞대결
거대한 코뿔과 가장자리가 삐죽삐죽한 주름장식으로 무장한 '스티라코사우루스'는 대단히 인상적인 모습이었을 것이다. 이 공룡은 크기와 몸무게가 오늘날의 코뿔소와 비슷했고, 지금으로부터 약 7500만~7400만 년 전에 낮게 자라는 식물을 먹으면서 북아메리카의 숲을 돌아다녔다. 주름장식은 넓게 펼쳐져서 목 뒤를 뒤덮었고, 펼쳐진 주름장식 끝에는 6개의 긴 가시가 나 있었다.

스티라코사우루스와 같은 지역에 티라노사우루스류인 고르고사우루스, 다스플레토사우루스도 살았다. 이 무서운 포식자들은 스티라코사우루스를 먹잇감으로 보고 공격했을 것이다. 스티라코사우루스는 뾰족하고 단단한 코뿔로 방어할 수 있었다. 하지만 주름장식의 가장자리에서 뻗어나온 인상적인 가시들은 방어에는 별 쓸모가 없었을 것이다. 가시는 아마도 같은 종의 공룡들에게 깊은 인상을 주기 위해 진화했을 것이다. 스티라코사우루스 수컷들은 오늘날의 들소나 사슴처럼 영역과 짝을 차지하기 위해 서로 경쟁했다. 가장 큰 뿔을 지닌 수컷에게 도전하는 경쟁자는 거의 없었을 것이다. 그러나 두 경쟁자가 비슷했다면, 한쪽이 물러날 때까지 서로 머리를 맞부딪치면서 싸웠을지도 모른다.

무리

코리토사우루스는 **볏**에 있는 **공기 통로**로 소리를 증폭해 큰 경보음을 낼 수 있다.

코리토사우루스의 경보

리트로낙수의 무리 사냥

뒤쪽에서 공격을 받은 뿔공룡 켄트로사우루스는 달아날 기회도 없었다.

켄트로사우루스 **수천 마리**의 화석이 발굴된 뼈층은 그들이 무리를 지어 살았음을 보여 준다.

공룡은 홀로 살지 않았다. 많은 공룡들이 큰 무리를 지어 돌아다니며 남긴 발자국 화석들을 통해서 우리는 그 사실을 알 수 있다. 특히 거대한 용각류를 비롯한 초식 공룡들이 모여서 생활했다. **코리토사우루스** 같은 초식 공룡들은 무리를 지어 살면 이점이 많았다. 무리 중 일부가 먹이를 먹는 데 몰두할 때, 몇몇은 주위를 지켜보다가 위험이 닥치면 경고해 줄 수 있었다. 또 취약한 새끼들은 성체의 보호를 받을 수 있었고, 무리에 속한 개체는 동족으로부터 공격받을 가능성도 줄어들었다. 육식 공룡 중에서도 무리를 짓는 종들이 있었을 것이다.

먹이를 찾아 떠나는 장거리 여행은 함께함으로써 위험을 줄였다.

에우로파사우루스의 집단 이주

작은 사냥꾼들은 힘을 합쳐서 더 큰 먹이도 쓰러뜨릴 수 있었다.

데이노니쿠스의 무리 사냥

카스모사우루스들은 새끼들을 안쪽에 두고서 둥글게 원을 그린 채 포식자를 향해 뿔을 내미는 식으로 지켰을지 모른다.

다스플레토사우루스

카스모사우루스의 방어

다스플레토사우루스 같은 대형 티라노사우루스류는 아마 홀로 사냥을 했겠지만, **리트로낙스**같이 더 작은 공룡들은 여럿이 함께 큰 먹잇감을 공격했을지도 모른다. 늑대만 한 **데이노니쿠스**의 몇몇 뼈대가 커다란 초식 공룡인 테논토사우루스의 뼈대 근처에서 발견된 바 있다. 이는 데이노니쿠스가 무리를 지어서 먹잇감을 공격했음을 시사한다. 합동 전술을 고안할 정도로 영리하지는 않았을 것이 거의 확실하다. 그러나 같은 표적을 함께 공격하면 먹이를 얻을 가능성이 더 높다는 것을 경험을 통해 배웠을지 모른다.

초기 수각류

릴리엔스테르누스

릴리엔스테르누스는 코엘로피시스처럼 **날렵하고 민첩하게 생겼지만**, 몸이 2배 더 길었고 훨씬 더 힘이 셌다.

불꽃 모양의 뼈로 된 볏은 짝과 경쟁자에게 깊은 인상을 심어 주기 위해 화려한 색깔을 띠었을지도 모른다.

다리와 꼬리 밑동을 연결하는 **거대한 근육**도 힘과 속도에 기여했다.

크리올로포사우루스

크리올로포사우루스는 남극 대륙에서 **처음으로 발견된 수각류**였다.

거대한 허벅지 근육이 있어서 뒷다리는 힘이 아주 셌고, 먹이를 잡는 데 필요한 속도도 낼 수 있었다.

코엘로피시스

가느다란 머리와 유연한 목은 빨리 움직이는 작은 동물을 잡는 데 알맞았다.

수각류는 발가락 3개로 달렸다. 그래서 세 발가락으로 찍힌 독특한 발자국 화석이 남곤 했다.

가장 강하면서 무시무시한 공룡은 다른 공룡들을 사냥하던 종류였다. 이 포식자들은 수각류이다. 강한 턱이 달린 무거운 머리뼈와 몸을 긴 꼬리의 도움으로 균형을 잡으면서 두 다리로 달리던 동물이었다. 수각류는 공룡의 시대로 알려진 중생대에 걸쳐서 다양한 유형으로 진화했으며, 오늘날 조류라는 형태로 여전히 번성하고 있는 대단히 성공한 집단이다. 최초의 수각류는 약 2억 3000만 년 전 트라이아스기 후기에 진화했다. 이들은 아주 작고 가벼운 동물이었다. 최초의 수각류는 곧 가장 성공한 초기 수각류 중 하나인 **코엘로피시스** 같은 날렵하면서

날쌘 사냥꾼과 몸집이 좀 더 큰 **릴리엔스테르누스**로 진화했다. 한편, 보다 강력한 사냥꾼들도 진화하고 있었다. 약 2억~1억 6500만 년 전인 쥐라기 전기에서 중기에 이르는 시기에는 **크리올로포사우루스**와 크기가 말만 한 **두브레우일로사우루스** 같은 많은 크고 힘센 수각류들이 땅 위를 돌아다니고 있었다. 이 시기에 최초의 거대 사냥꾼도 진화했다. 하지만 그보다 훨씬 더 무시무시한 티라노사우루스류는 훨씬 나중에야 등장했다.

스피노사우루스류

돛은 등을 따라 쭉 뻗어 있었고, 높이 1.8m에 달하는 막대 같은 뼈들이 떠받쳤다.

가장 좋은 스피노사우루스 화석들은 1944년 제2차 세계 대전 중에 공습으로 **파괴되었다.**

바리오닉스

물고기를 잡는 데 쓰는 무겁고 커다란 **엄지손톱**이 있었다.

스피노사우루스

길고 좁은 주둥이에는 미끄러운 물고기를 잡는 데 알맞은 원뿔 모양의 이빨들이 있었다.

이 공룡의 물결무늬 돛은 엉덩이 부위에서 움푹 파여 있었다.

이크티오베나토르

수코미무스는 돛 대신에 낮은 등마루가 등으로 뻗어 있었다.

수코미무스

날카로우면서 휘어진 커다란 손톱으로 먹이를 꽉 움켜쥐었다.

이리타토르는 뼈로 된 볏이 눈 위까지 뻗어 있었다.

이리타토르

이리타토르   스피노사우루스

공룡 역사상 가장 큰 포식자는 무시무시한 스피노사우루스다. 몸길이가 최대 14m에 달했던 거대한 공룡으로, 현생 악어와 거의 비슷한 턱과 이빨을 지닌 소규모 사냥꾼 집단의 일원이었다. 아마 턱과 이빨을 사용하는 방식도 악어와 같아서 얕은 물에서 큰 물고기를 잡았을 것이다. 우리는 스피노사우루스류가 다른 공룡도 잡아먹었다는 사실을 안다. 이구아노돈 새끼가 위장에 들어 있는 **브리오닉스**의 화석이 발견되었기 때문이다.

알로사우루스류

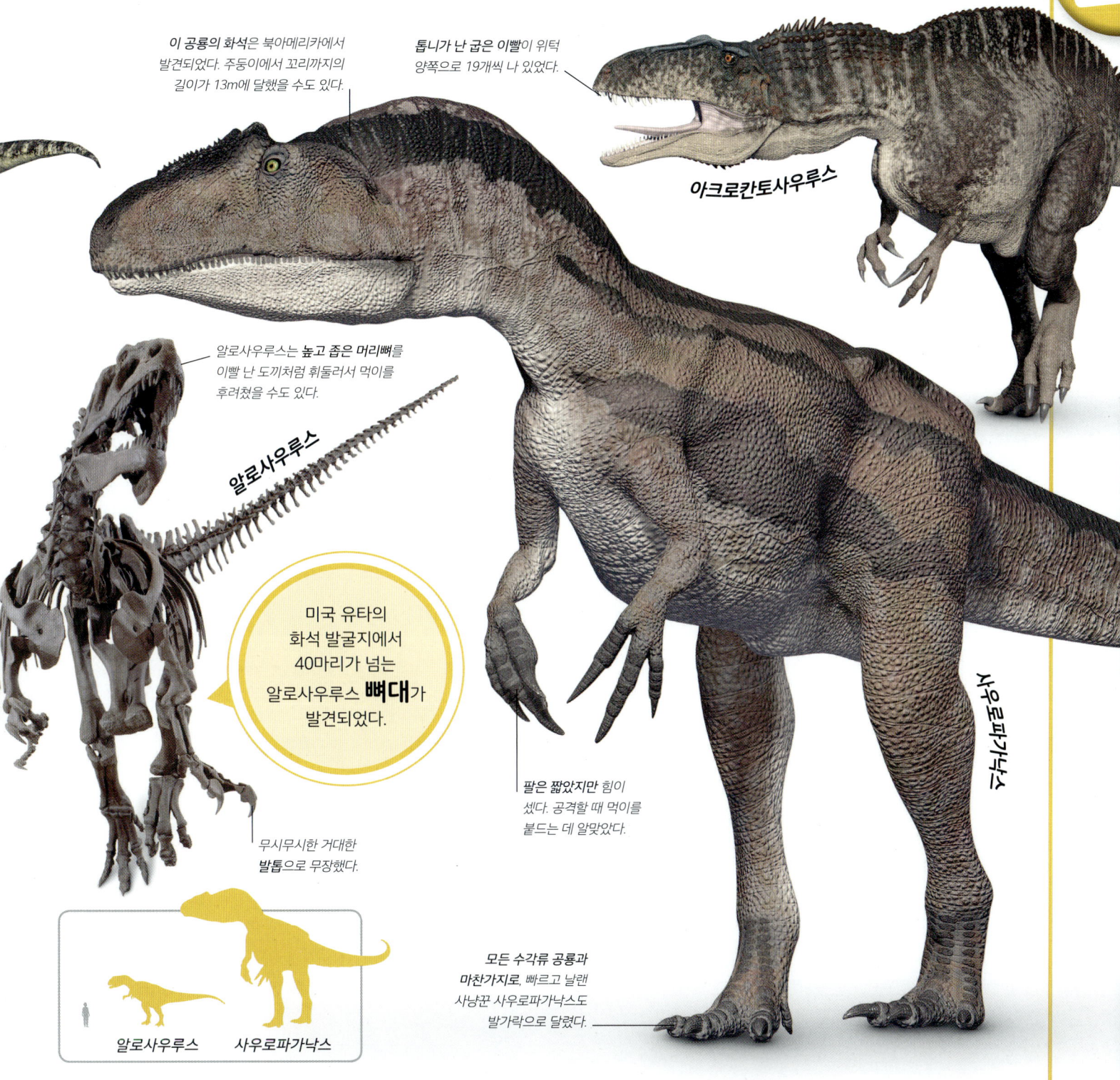

이 공룡의 화석은 북아메리카에서 발견되었다. 주둥이에서 꼬리까지의 길이가 13m에 달했을 수도 있다.

톱니가 난 굽은 이빨이 위턱 양쪽으로 19개씩 나 있었다.

아크로칸토사우루스

알로사우루스는 **높고 좁은 머리뼈**를 이빨 난 도끼처럼 휘둘러서 먹이를 후려쳤을 수도 있다.

알로사우루스

미국 유타의 화석 발굴지에서 40마리가 넘는 알로사우루스 **뼈대**가 발견되었다.

무시무시한 거대한 **발톱**으로 무장했다.

팔은 짧았지만 힘이 셌다. 공격할 때 먹이를 붙드는 데 알맞았다.

사우로파가낙스

모든 수각류 공룡과 마찬가지로, 빠르고 날랜 사냥꾼 사우로파가낙스도 발가락으로 달렸다.

알로사우루스 사우로파가낙스

쥐라기 때 초식 공룡들의 가장 큰 적은 알로사우루스 같은 **무시무시한 사냥꾼들이었다.** 키 8.5m의 이 거인은 살을 가르는 데 알맞은 고기 칼 같은 이빨이 입에 가득했다. 시간이 흐르면서 같은 유형의 무기를 갖춘 채 몸집이 더욱 커진 포식자들이 등장했다. **사우로파가낙스**도 강력한 이빨과 큰 몸집을 갖추었다. 이 육중한 사냥꾼은 몸길이가 23m에 이르는 아파토사우루스 같은 거대한 용각류도 잡을 수 있었다. 두 공룡 화석은 북아메리카의 동일한 지층에서 발견되고 있다.

날카로운 이빨

긴 턱과 뾰족한 이빨이 물고기를 잡아먹는 현생 악어의 것과 비슷하다.

바리오닉스

이렇게 작고 날카로운 이빨은 작은 먹이를 잡는 데 알맞았다.

헤레라사우루스

조류형인 벨로키랍토르는 날카로운 이빨을 최대 56개까지 지녔다. 다른 공룡처럼 이빨은 계속 대체되었기에 결코 뭉툭해지는 일이 없었다.

벨로키랍토르

오늘날 우리가 공룡에 관해 아는 사실들 중 상당수는 이빨을 연구하여 알아낸 것이다. 공룡의 이빨은 계속 새로 나서 교체되므로 뭉툭해질 때까지 남아 있지 않으며, 모양과 크기가 아주 다양하다. **두리아베나토르** 같은 전형적인 수각류의 이빨은 포식자이자 육식 동물의 특징을 잘 보여 준다. 육식 공룡에게 이빨은 무기이자 사냥 도구였다. 먹잇감에 치명적인 상처를 입히고, 뼈에서 살을 발라내는 데 이상적이며, 날카로우면서 톱니가 난 이빨이었다. 이런 이빨은 씹는 데에는 별 쓸모가 없었지만, 고기는 소화가 잘 되므로 씹지 않고 그냥 삼킬 수 있었다.

이빨은 먹잇감의 종류에 따라서 달랐다. **벨로키랍토르**는 다른 공룡을 공격하여 잡아먹는 데 적합한 칼날 같은 이빨을 지닌 반면, **바리오닉스**의 턱에는 미끄러지는 물고기를 잡는 데 알맞은 뾰족한 이빨이 나 있었다. **티라노사우루스**의 거대한 뾰족한 이빨은 뼈를 꿰뚫는 데 알맞았다. 반면, 새처럼 생긴 **스트루티오미무스**는 이빨이 전혀 없었고, 식물이나 작은 동물을 먹었다. 아니면 양쪽을 다 먹었을 수도 있다. 특이하게도 **헤테로돈토사우루스**는 이빨의 형태가 여러 종류였는데, 아마 동물과 식물을 모두 먹는 잡식성이었기 때문일 수 있다.

티라노사우루스류

타르보사우루스

턱이 아주 튼튼해서, 먹이가 아무리 몸부림쳐도 꽉 물 수 있었다.

알리오라무스

티라노사우루스 중에서 팔이 가장 작았다.

주둥이가 깊어서 꽉 물 수 있었기에 단단한 뼈까지 뚫을 수 있었다.

다스플레토사우루스

눈 앞쪽에 뼈로 된 뿔이 나 있었다.

거대한 머리와 턱의 무게를 **무거운 꼬리**로 균형을 잡았다.

알베르토사우루스

긴 다리로 빨리 달릴 수 있었다. 그래서 먹이를 뒤쫓아서 공격할 수 있었다.

가벼운 볏은 과시할 수 있게 화려한 색깔을 띠었을 것이다.

구안룽

구안룽 티라노사우루스

티라노사우루스류('폭군 도마뱀'이라는 뜻)는 지구에 살았던 가장 강한 육상 포식자였다. 이 수각류는 1억 6500만 년 전에 처음 출현하여, 6600만 년 전 공룡의 시대가 끝날 때까지 번성했다. 수각류 중 가장 컸던 것은 **티라노사우루스**였고, 그만큼 가장 육중한 공격자였다.

티라노사우루스의 무기는 특수한 이빨이었다. 날카롭긴 하지만 허약한 칼 같은 이빨이 입안 가득했던 다른 수각류와 달리, 티라노사우루스는 강한 턱 근육으로 움직이는 대못 같은 튼튼한 이빨을 지녔다. 그래서 먹잇감을 뼈를 꿰뚫을 만큼 강한 힘으로 물 수 있었고,

턱에는 다른 티라노사우루스보다 더 많은 무려 약 78개의 칼날 같은 이빨이 나 있었다.

모든 티라노사우루스류는 시력이 아주 좋아서 먹이를 잘 포착할 수 있었다.

고르고사우루스

지금까지 **불완전한 뼈대**만이 몇 점 발견되었다.

아주 억센 거대한 이빨은 길이 23cm까지 자랐다.

리트로낙스

머리뼈는 뒤쪽이 넓은 모양이었다.

팔은 아주 작았고, 작은 손가락이 2개뿐이었다.

티라노사우루스

티라노사우루스류

티라노사우루스의 똥 화석에는 **뼛조각**이 가득하다. 먹이의 뼈를 부술 수 있었음을 말해 준다.

다른 포식자들이 감히 공격하지 못하는 갑옷으로 몸을 감싼 공룡도 사냥할 수 있었다. 턱이 아주 강했으므로 굳이 먹이를 붙잡을 힘센 손이 필요 없었다. 그래서 팔은 긴 근육질의 다리에 비해 아주 작았다. **알리오라무스**와 **리트로낙스**처럼 초기에 등장한 티라노사우루스류 중에는 비교적 몸이 가벼운 종류도 있었고, **구안룽**처럼 머리에 볏이 난 종류도 있었다. 그러나 나중에 진화한 종류들은 모두 체형이 비슷했다. 커다란 턱을 지닌 거대한 머리에, 힘센 두 다리로 움직였다.

최고의 사냥꾼

티라노사우루스는 마지막까지 남아 있었던 거대한 공룡 중 하나였으며, 가장 무시무시한 종류에 속했다. 뼈를 부수는 거대한 이빨과 엄청난 턱으로 무장한 당대 최상위 포식자였다. 지구 생명의 역사상 거의 모든 포식자 중에서 누구보다도 주둥이로 무는 힘이 강했다. 티라노사우루스는 트리케라톱스같이 코끼리만 한 동물도 잡을 수 있었다.

티라노사우루스는 먹이를 공격할 때 단순하지만 효율적인 방법을 썼다. 먹이를 곧장 뒤쫓아서 이빨을 콱 쑤셔 박은 뒤, 강한 턱과 목 근육의 힘으로 살을 뼈까지 한 입 가득 뜯어냈다. 먹이는 피를 너무 많이 흘려서 달아날 수가 없었을 것이다. 따라서 티라노사우루스는 먹이가 달아나지 못하게 붙잡을 필요가 없었다. 사냥할 때 팔 힘이 셀 필요가 없었으므로, 티라노사우루스의 팔은 입에 닿지도 못할 만큼 크기가 줄어들었다. 반대로 다리는 경주마의 다리처럼 굵은 허벅지 근육에 길고 날렵한 아랫다리를 갖추게 되었다. 그래서 체중이 엄청나게 무거웠음에도, 티라노사우루스는 치명적인 속도로 날래게 공격할 수 있었다.

타조공룡류

중국에서 발견된 베이샨롱은 약 1억 2000만 년 전에 살았다. 몸길이 약 8m까지 자랐다.

타조공룡은 모두 몸이 깃털로 덮여 있었지만, 아마 그 깃털은 털처럼 생긴 단순한 형태였을 것이다.

베이샨롱

긴 주둥이와 깊은 아래턱은 오리의 부리와 비슷하게 생긴 넓적한 부리를 받쳤다.

갈리미무스

데이노케이루스는 50년 동안 **거대한 팔뼈 화석**만으로 알려졌다.

길고 가늘고 유연한 목으로 작은 동물과 씨를 쉽게 집어 먹었을 것이다.

스트루티오미무스

다리는 근육이 **튼튼**했지만, 빨리 달리는 모든 동물의 다리처럼 발로 갈수록 가늘어졌다.

오르니토미무스   데이노케이루스

팔의 긴 깃털은 과시용이었거나, 알과 새끼를 보호하는 용도였을 수도 있다.

크고 강한 턱을 지닌 티라노사우루스에게는 생김새가 전혀 닮지 않은 가까운 친척이 있었다. 바로 타조공룡류다. 이름이 '타조를 흉내 낸다'는 뜻에서 붙여진 **스트루티오미무스** 같은 공룡이 그렇다. 타조공룡류는 여러 면에서 조류인 현생 타조와 닮았다. 타조공룡은 대부분 머리가 작고, 이빨이 없는 부리를 지녔고, 목이 길고, 복슬복슬한 깃털이 달린 날개 같은 팔, 근육질의 긴 뒷다리를 지니고 있었다. 아마 타조처럼 씨, 열매, 작은 동물을 먹고 살았을지 모른다. 부리가 타조보다는 좀 더 넓적한 모양이었으므로, 오리처럼 물속을 훑어 먹이를

누가 더 빠를까

다리가 긴 타조공룡류는 아주 빨랐다. 최근의 연구에 따르면, 그들의 가장 큰 적인 티라노사우루스류가 최대 시속 30킬로미터로 달렸다. 타조공룡류는 더 빨랐을 것이다. 2009년에 시속 44킬로미터를 기록한 자메이카 육상 선수 우사인 볼트만큼 빨랐을 수 있다.

우사인 볼트   오르니토미무스

오르니토미무스
- 체형이 현생 타조처럼 날쌔고 빠르게 움직이는 데 알맞게 발달했다.
- 손가락이 3개인 손은 유달리 길었다.

데이노케이루스
- 가벼운 머리뼈에는 현생 조류의 부리처럼 케라틴으로 이루어진 부리가 달려 있었다.
- 크고 뭉툭한 손톱은 아마 방어용이었을 것이다.
- 꼬리 끝에는 긴 깃털이 부채처럼 달려 있었을 수도 있다. 꼬리 끝 깃털은 달릴 때 균형을 잡는 데 도움이 된다.
- 발뼈는 달릴 때의 충격을 흡수할 수 있도록 배치되어 있었다.

안세리미무스

치우팔롱
- 눈이 커서 시력이 좋았기에, 위험이 닥치면 금방 알아차릴 수 있었다.

구했을지도 모른다. 그러나 모든 타조공룡이 이빨이 없거나 타조만 했던 것은 아니다. 몇몇 초기 형태는 턱에 작은 이빨이 가득했고, 더 뒤에 등장한 타조공룡 중에는 **베이샨롱**같이 몸집이 크고 힘센 종류도 있었다. 지금까지 발견된 타조공룡 중 가장 큰 종류는 **데이노케이루스**이며, 몸길이가 11m까지 자랐고 팔과 손이 아주 길었다. 다른 타조공룡들보다 몸집에 비해 다리가 짧았으므로 큰 덩치와 커다란 방어용 발톱을 이용해서 강한 포식자를 물리치고, 자신보다 연약한 먹잇감을 공격했을 듯하다.

오비랍토르사우루스류

카우딥테릭스

머리뼈의 위턱 앞쪽에 작은 이빨이 있었지만, 어금니는 없었다.

아잔킨게니아는 아주 짧고 깊은 머리뼈에 억센 부리가 달려 있었다.

아잔킨게니아

안주

꼬리에 난 긴 깃털을 부채처럼 펼쳐서 과시할 수 있었을 것이다.

다리가 길어서 아주 빨리 달렸을 것이다.

몸길이 약 8m이고 몸무게가 자동차 한 대만 했던 이 거대한 오비랍토로사우루스는 친척 종들보다 훨씬 더 컸다.

후아난사우루스

2015년에 화석이 발견된 후아난사우루스는 현재의 중국 동부 지역에서 약 7200만 년 전에 살았다.

모든 오비랍토르사우루스류처럼, 기간토랍토르도 팔에 길고 화려한 깃털이 있었을 것이 거의 확실하다.

1923년 미국인 화석 사냥꾼 한 무리가 몽골에서 형태가 온전한 공룡 알을 최초로 발견했다. 또 그들은 알 무더기 근처에서 기이하게 생긴 공룡 머리뼈도 발견했다. 화석 발견자들은 머리뼈의 주인이 알을 먹으려던 중이었다고 짐작하여 이 공룡에 **오비랍토르**라는 이름을 붙였다. '알 도둑'이라는 뜻이었다. 세월이 한참 지난 1990년대에 이르자 그 알들은 함께 발견된 공룡이 낳은 것이며, 사실은 그 공룡이 알을 돌보고 있었다는 것도 분명히 밝혀졌다. 그럼에도 '오비랍토르'란 이름은 그대로 남아서 같은 특징을 지닌 동물에게 여전히 쓰이고 있다.

북아메리카에서 발견된 안주는 머리뼈에 아주 얇은 뼈판으로 된 높은 볏이 달려 있었다.

오비랍토르

카우딥테릭스 기간토랍토르

오비랍토르 화석은 **알둥지**에서 겨우 10cm 떨어진 곳에서 **발견**되었다.

몸이 가벼웠던 오비랍토르는 몸길이가 약 1.8m였다.

긴 손가락의 끝에는 살짝 굽은 가느다란 손톱이 달려 있었다.

키로스테노테스

가느다란 손과 손톱은 나무와 바위 틈새에서 작은 먹이를 파내는 데 적응한 모습일 수 있다.

기간토랍토르

부리 위쪽에 높이 솟은 볏은 현생 화식조의 볏과 매우 비슷했다.

머리가 작았지만 공룡치고는 뇌가 컸고, 눈도 유달리 컸다.

키티파티

아비미무스

화석은 키티파티가 짧은 '날개'로 덮어서 둥지의 알을 보호했음을 보여 준다.

길고 튼튼한 다리는 빨리 달리기에 알맞았다.

오비랍토르사우루스류는 '마니랍토르류'라는 전형적으로 팔이 긴 수각류 집단에 속했다. 조류도 마니랍토르류에 속한다. 마니랍토르류는 아마 모두 몸과 꼬리가 깃털로 덮여 있고, 팔에도 긴 깃털이 나 있었을 것이다. 오비랍토르사우루스는 새의 부리와 비슷하면서 때로 이빨이 없는 부리를 지녔다. 아마 씨, 큰 곤충, 도마뱀, 작은 포유류, 다른 공룡의 알 등 다양한 먹이를 먹었을 것이다. 또 입천장에는 단단한 알 껍데기를 깨는 데 알맞았을 듯한 한 쌍의 뼈 돌기가 나 있었다. 따라서 진짜로 알 도둑이었을지도 모른다.

손과 팔

이구아노돈

다목적 손으로 먹이를 잡고, 몸무게를 지탱하고, 적과 싸울 수 있었다.

헤테로돈토사우루스

헤테로돈토사우루스는 손으로 식물을 따고 동물을 잡았다.

에우오플로케팔루스

이 갑옷공룡은 억센 손가락을 발가락처럼 써서 몸무게를 지탱했다.

아틀라사우루스

그리포사우루스

아틀라사우루스의 **몸무게**는 거의 **코끼리 2마리**의 무게와 비슷했다.

이 하드로사우루스는 **가느다란 팔**을 때때로 다리처럼 썼다.

무거운 용각류인 아틀라사우루스는 튼튼한 앞발로 변한 **발가락 끝**으로 걸었다.

공룡의 손과 팔은 여러 가지 일에 맞추어서 다양하게 진화했다. 작은 초식 공룡의 손과 팔은 먹이를 구하는 데 알맞게 적응했지만, **이구아노돈**을 비롯한 많은 공룡은 손을 몸무게를 지탱하는 데 썼다. 몸집이 더 큰 초식 공룡의 팔은 아주 튼튼했고 걷는 용도로 분화했다. 힘센 두브레우일로사우루스 같은 전형적인 육식 공룡의 팔은 몸부림치는 먹잇감을 움켜쥐어 턱과 이빨로 물 때 거들도록 적응했다. 두브레일로사우루스의 손은 짧지만 튼튼했고, 날카로운 손톱이 달려 있었다. 시간이 흐르면서 **키티파티**와 **시노르니토사우루스**처럼 손과 팔이 훨씬 더

시노르니토사우루스

카르노타우루스

이처럼 작은 팔은 사냥에는 쓸모가 없었지만, 다른 용도가 있었을지 모른다.

팔이 긴 작은 사냥꾼의 날카로운 손톱은 긴 깃털에 거의 가려졌다.

두브레우일로사우루스

키티파티

깃털 난 긴 팔로 알을 품고 있던 화석이 발견되었다.

대부분의 사냥꾼은 날카로운 손톱이 달린 **손가락이 3개**였다.

데이노케이루스

거대한 팔

손이 거대해서 그리스어로 '무시무시한 손'이라는 뜻의 데이노케이루스라는 이름이 붙은 공룡이 있다. 데이노케이루스의 팔은 길이가 2.5m였고, 손은 길이가 약 76cm였다.

손에는 손가락이 3개였고, 크고 뭉툭한 손톱이 나 있었다.

초식성 공룡인 데이노케이루스는 손이 아주 컸고, 손톱이 난 3개의 손가락이 달려 있었다. 아마 손톱을 방어하는 데 썼을 것이다.

길어진 사냥꾼들도 등장했다. 길어진 손과 팔도 같은 용도로 쓰이곤 했다. 하지만 최근의 화석 증거에 따르면 그들은 거의 날개와 비슷할 만큼 긴 깃털이 나 있었으며, 키티파티는 긴 깃털을 이용해서 알과 새끼를 보호하기도 했다. 이들의 친척들 중에는 더욱 긴 깃털 달린 팔을 지닌 종류도 있었다. 그리고 그 동물들은 최초의 조류가 되었다. 반면에 **카르노타우루스**와 티라노사우루스류를 포함한 몇몇 강력한 사냥꾼들은 팔이 아주 짧아졌고, 턱만으로 먹이를 잡았다.

보호하는 날개

7500만 년 전, 몽골 남부 사막은 지금처럼 메마른 곳이었다. 모래 언덕이 드넓게 펼쳐져 있었고, 강은 거의 없었다. 그렇게 척박한 환경이긴 해도 그곳에는 몇몇 공룡이 살았다. 타조처럼 생긴 수각류 키티파티도 그중 하나였다. 키티파티가 조류처럼 알을 품었다는 놀라운 사실이 화석을 통해 드러남으로써 과학자들을 놀라게 했다.

다른 많은 수각류처럼, 키티파티도 새 날개의 날개깃과 비슷한 깃털이 난 긴 팔을 지녔다. 그러나 키티파티는 분명히 날 수 없었다. 키티파티의 팔에 달린 깃털은 '날개'라고 하기에는 너무 짧았기 때문이다. 그 깃털은 다른 기능을 지녔을 것이 분명했다. 고비사막에서 발견된 화석 몇 점은 깃털이 어디에 쓰였는지를 보여 준다. 화석의 동물들은 둥지 가장자리로 두 팔을 펼친 채 알 위에 웅크린 자세를 하고 있다. 이 자세에서는 양팔에 난 긴 깃털들이 알을 덮어서 따뜻하게 하거나 사막의 뜨거운 햇빛을 막아 주었을 것이다. 그러나 그 깃털은 키티파티와 키티파티의 알들을 보호할 수 없었다. 어쨌거나 모두 죽어서 사막의 모래에 묻힌 다음 화석으로 보존되었으니까 말이다.

테리지노사우루스류

턱에 잎을 먹기 알맞은 부리가 달려 있었다. 모든 테리지노사우루스류는 작은 어금니로 식물을 씹어 먹었다.

몸길이가 **11m**에 달했던 테리지노사우루스는 티라노사우루스만큼 **컸다.**

친척 종들의 화석을 보면 단순한 깃털들이 납작해진 털처럼 덮여 있어서, 마치 털가죽을 두른 듯했다.

테리지노사우루스

노트로니쿠스는 북아메리카에서 **발견된 최초의** 테리지노사우루스였다. 다른 테리지노사우루스들은 모두 몽골과 중국에서 발견되었다.

노트로니쿠스

긴 목으로 높은 나뭇가지에 달린 잎을 뜯어 먹었을 것이다. 큰 것은 키가 3.6m에 달했다.

몸은 전형적인 수각류보다 더 통통했고, 더 곧추선 자세였다.

모든 수각류처럼, 테리지노사우루스류도 뒷다리로 섰다. 몸에 비해 다리가 유달리 짧은 편이었다.

칼 모양의 휘어진 손톱은 길이가 약 1m에 끝이 날카로워서, 강력한 무기였다.

튼튼하고 넓적한 발은 몸무게를 잘 지탱했지만, 빨리 움직이지는 못했다.

수각류는 대부분 날카로운 이빨을 지닌 날쌘 사냥꾼이었지만, 테리지노사우루스류는 달랐다. 테리지노사우루스류의 온전한 화석은 거의 발견된 적이 없다. 하지만 고생물학자들이 조각난 증거들을 끼워 맞춰 보니 테리지노사우루스류가 특이하다는 사실이 드러났다.

테리지노사우루스들은 부리와 잎 모양의 어금니, 불룩한 몸통을 지녔다. 이런 신체 특징은 동물을 사냥하는 대신에 식물을 먹고 살았을 것임을 시사했다. 또한 조류와 연관 있는 수각류 공룡 집단인 마니랍토르류에 속하는 팔이 긴 구성원이었고, 깃털이 있었다. 그러나 깃털은 가느다란

특이하게도 팔카리우스는 턱 앞쪽에 뾰족한 이빨이 몇 개 나 있었다. 작은 동물을 잡는 데 쓰였을지 모른다.

에를리코사우루스

턱에는 잎을 잘게 부수는 데 알맞은 작은 이빨이 100개 이상 늘어서 있었다.

팔카리우스

팔카리우스는 지금까지 알려진 테리지노사우루스 중 가장 원시적인 종으로, 약 1억 2600만 년 전에 살았다.

에를리코사우루스는 방어하는 데 쓰였을 긴 발톱을 지녔다.

에니그모사우루스의 이름은 '수수께끼의 도마뱀'이라는 뜻이다. 화석은 몽골에서 발견되었다.

에니그모사우루스

모든 테리지노사우루스류는 꼬리가 비교적 짧았다.

알사사우루스의 이름은 몽골 알사사막에서 따 왔다. 1990년대 초에 화석이 발견된 곳이다.

알사사우루스

팔에는 조류와 비슷하게 긴 깃털이 나 있었을 것이다.

모든 테리지노사우루스류처럼, 에니그모사우루스도 팔과 손이 길었다.

실처럼 부피가 줄어든 형태였던 것으로 보인다. 따라서 **에를리코사우루스** 같은 테리지노사우루스류는 가는 털로 뒤덮인 듯한 모습이었다. 긴 팔에는 거대한 손톱이 달린 커다란 손이 달려 있었다. 커다란 **테리지노사우루스**는 알려진 동물 중에서 손톱이 가장 길었다.

테리지노사우루스류는 이 손톱을 써서 나뭇가지를 입 쪽으로 잡아당겼을 수 있다. 한편 손톱을 포식자를 상대하는 강력한 무기로 삼았을 수도 있다. 몸통이 두껍고 무거워서 빨리 움직이지 못했던 테리지노사우루스류에게 싸움은 최선의 자기 방어 수단이었을 것이다.

날카로운 손발톱

큰 낫처럼 생긴 손톱은 식물을 자르고 자기 몸을 지키는 데 쓰였을 것이다.

테리지노사우루스의 손톱

바리오닉스의 엄지손톱

알로사우루스의 손톱

날카로운 손톱으로 먹이를 꽉 잡았다.

바리오닉스는 '무거운 손톱'이라는 뜻이다. 둘째손가락에 난 **굽은 손톱**을 가리킨다.

강한 손발톱은 대다수의 공룡에게 필수 도구였다. 많은 사냥꾼들처럼, **알로사우루스**와 **바리오닉스**도 손톱으로 먹이를 움켜쥐었다. 한편 **데이노니쿠스**는 먹이를 바닥에 내리 꽂는 일에 알맞게 적응한 발톱을 지니고 있었다. 포식자들은 대부분 달릴 때 바닥을 꽉 움켜쥐어 지탱하는 데 도움이 되는 튼튼하면서 날카로운 발톱을 지닌 반면, 새처럼 생기고 몸집이 작은 사냥꾼 중에는 발톱을 나무를 기어오르는 데 썼던 종류도 있었다. **아파토사우루스**처럼 네 발로 돌아다닌 거대한 초식 공룡은 발톱을 엄청난 몸무게를 지탱하는 데 썼지만, 알을 낳을 구멍을 파는

데에도 썼을 수도 있다. **플라테오사우루스**는 뒷다리로 일어설 수 있었으며, 손톱을 나무에서 먹이를 따거나 포식자를 물리치는 데 썼다. **이구아노돈**은 엄지에 튼튼한 가시가 나 있었고, 그 엄지 가시로 적을 막았을 수 있다. **테리지노사우루스**는 팔에 아주 긴 손톱이 달려 있었다.

아마 역사상 가장 강력한 포식자들에게 맞서기에 알맞은 이상적인 무기였을 것이다.

드로마이오사우루스류

부이트레랍토르

몸이 현생 조류처럼 깃털로 덮여 있었을 것이다.

이 남아메리카 사냥꾼의 턱은 악어처럼 유달리 길었다.

드로마이오사우루스류는 대부분 먹이를 움켜쥘 때 쓰는 힘센 손을 지녔다.

데이노니쿠스

영화 「쥐라기 공원」에 나온 벨로키랍토르는 데이노니쿠스를 토대로 묘사한 것이다.

아우스트로랍토르의 팔은 드로마에오사우루스 중에서 유달리 짧았다. 이는 다른 사냥 방법을 썼다는 의미이다.

시노르니토사우루스

드로마이오사우루스 중에는 다리에 긴 깃털이 난 종류가 많았다.

손끝에 달린 길고 날카로운 손톱으로 먹이를 꽉 움켜쥐었다.

팔에 난 긴 깃털은 거의 날개 같았지만, 비행할 수 있을 만큼 크지는 않았다.

공룡 시대를 통틀어 몸이 가벼운 사냥꾼 중에서 가장 잘 알려진 공룡은 드로마이오사우루스류다. 작고 날쌘 벨로키랍토르 같은 동물의 이름을 따서 랍토르 공룡이라고도 한다. 드로마이오사우루스들은 대개 손에 커다란 손톱이 달린 팔이 긴 사냥꾼이었다. 각 발의 두 번째 발가락에는 바닥을 꽉 찔러서 고정시키는 커다란 갈고리발톱이 달려 있었다. 이 특수한 발톱은 아마도 먹이를 바닥에 꽉 꽂거나, 더 작은 공룡이라면 나무를 기어오르는 데 썼을 것이다. 최근에 중국에서 발견된 화석은 이들의 몸이 깃털로 덮여 있었고, 팔에 거의

날개처럼 긴 깃털이 달려 있는 공룡도 많았다는 사실을 알려 준다. 이들은 최초의 조류와 가까운 친척이었고, **시노르니토사우루스**처럼 가장 작은 종류는 거의 새처럼 보였을 것이다. 작은 드로마이오사우루스류는 커다란 곤충과 작은 생쥐처럼 생긴 포유류를 먹었겠지만, **벨로키랍토르**와 **데이노니쿠스**같이 몸집이 더 큰 종류는 다른 공룡을 공격했다. **부이트레랍토르**와 유달리 큰 **아우스트로랍토르** 같은 몇몇 공룡들은 주둥이가 길었고, 물고기를 잡는 데 적합한 뾰족한 원뿔 모양의 이빨들을 가득 지니고 있었다.

이빨 난 독수리

1920년대에 몽골에서 벨로키랍토르 화석이 처음 발견되었을 때, 사람들은 화석의 주인공이 비늘로 덮인 도마뱀 같은 동물이라고 상상했다. 그러나 근처 중국에서 가까운 친척 공룡의 화석들이 발견되면서, 벨로키랍토르가 새와 더 비슷한 모습이었을 것임을 알려 주었다. 팔뼈 하나에 줄줄이 난 혹들은 새의 날개에 있는 것과 비슷한 긴 깃털들이 팔에 나 있었음을 나타낸다.

벨로키랍토르는 행동도 새와 비슷했을 것이다. 친척 공룡들은 둥지에 알을 낳고, 품고 앉아서 '날개'로 알을 덮어서 따뜻하게 했다. 벨로키랍토르도 마찬가지로 둥지를 지었을 것이 거의 확실하다. 아마 부모가 번갈아 알을 품었을지도 모른다. 한쪽이 알을 품는 동안, 다른 한쪽은 사냥을 하러 갔을 것이다. 벨로키랍토르의 사냥 방식을 연구한 최근 사례는 벨로키랍토르가 날지 못하는 독수리처럼 달려서 먹잇감을 뒤쫓아가 덮쳐서, 특수한 커다란 발톱으로 바닥에 꽉 눌러 잡았을 것임을 시사한다. 그런 뒤에 톱니가 난 날카로운 이빨로 먹이를 갈가리 찢어서 먹었을 것이다. 고기 중 일부는 둥지로 가져가서 짝에게 주었을지도 모른다.

공룡의 이륙

피부, 비늘, 깃털

아르카이옵테릭스(시조새)

긴 팔에 달린 긴 깃털로 볼 때 이 쥐라기 공룡은 날 수 있었던 것이 거의 확실하다.

유라베나토르는 오늘날의 닭처럼 몸에는 **깃털**, 다리에는 **비늘**이 나 있었다.

에드몬토니아

유라베나토르

이 작은 수각류 공룡의 몸은 단순한 털 같은 원시깃털로 덮여 있었다.

에드몬토사우루스 피부 화석

에드몬토사우루스의 피부가 작은 비늘로 덮여 있었음을 보여 준다.

멸종한 공룡들은 대부분 뼈와 이빨의 화석만으로 알려져 있지만, 일부 화석은 피부 같은 부드러운 조직의 세세한 부분까지 보존하고 있다. 그런 흔적을 간직한 화석들은 하드로사우루스류인 **에드몬토사우루스** 같은 많은 대형 공룡이 비늘이 덮인 피부를 지녔다는 것과 **에드몬토니아** 같은 일부 공룡이 피부에 박혀 있는 뼈판(각린)으로 된 일종의 갑옷을 입었다는 것을 보여 준다. 최근에 중국에서 발견된 놀라운 화석들은 작은 수각류들 중 많은 수가 몸에 깃털을 지녔다는 사실을 보여 준다. **시노사우롭테릭스** 같은 몇몇 공룡들은 털과 비슷한 짧고 가느다란 섬유, 즉

각린

카이훙의 **깃털** 화석을 조사하니, 일부 현대 조류의 깃털을 무지갯빛으로 반짝이게 하는 멜라노솜과 같은 미세한 세포 조직이 들어 있었음이 드러났다.

이 갑옷 공룡의 **각린**은 뾰족한 모양이어서 방어용으로도 쓰였을 듯하지만, 과시용으로도 쓰였을 것이다.

많은 현생 파충류와 비슷하게, 에드몬토니아도 **다리와 배**가 비늘 피부로 덮여 있었다.

카이훙

프시타코사우루스 화석

이 화석은 뿔공룡인 트리케라톱스의 초기 친척인 프시타코사우루스의 **꼬리**에 난 긴 **깃대**들을 뚜렷하게 보여 준다.

이 화석의 **검은 얼룩**들은 원시깃털로 복슬복슬하게 덮여 있던 부위다.

시노사우롭테릭스 화석

🔍 색깔 암호

카이훙 같은 동물의 깃털 화석에 보존되어 있는 멜라노솜의 잔해가 새로운 연구를 통해 드러났다. 멜라노솜은 색소를 지닌 세포 내 구조물이다. 멜라노솜의 크기, 모양, 배치에 따라서 세포의 색깔이 달라진다. 그래서 과학자들이 멜라노솜 화석을 분석하여 깃털 공룡의 색깔을 복원해 낼 수도 있다.

| 적갈색 | 갈색 | 회색 | 흑색 | 무지개색 |

원시깃털을 지니고 있었다. 이 깃털은 아마 포유류의 피부에 난 털처럼 체온을 유지하는 데 기여했을 것이다. 한편 **카이훙** 같은 공룡들은 현생 조류처럼 깃가지가 다 달린 깃털을 지녔다. 이 깃털 중에는 더 긴 것들도 있었다. 특히 팔에 긴 깃털이 줄지어 나 있으면 짧은 날개처럼 보였을 것이다. 화석을 현미경으로 상세히 분석하자 깃털 중 일부는 화려한 색깔을 띠었음을 보여 주는 증거도 나타났다. 이 모든 새로운 증거들은 멸종한 이 수각류 공룡들과 현생 조류 사이에 차이가 거의 없음을 의미하며, 조류가 비행하는 작은 공룡이라는 결론을 뒷받침한다.

깃털 난 사냥꾼

스키피오닉스 화석

스키피오닉스는 현생 조류와 달리 **날카로운 이빨**이 있었다.

부이트레랍토르

에피덱십테릭스는 뼈로 된 짧은 꼬리로부터 **긴 깃털**이 뻗어 나와 있었다. 현생 조류와 비슷한 형태였다.

에피덱십테릭스

오르니톨레스테스

최초의 조류는 이처럼 **긴 공룡 꼬리**를 물려받았지만, 꼬리는 시간이 흐르면서 서서히 길이가 줄어들었다.

유달리 긴 주둥이에는 먹이를 꽉 물어 붙잡는 데 알맞은 작은 이빨들이 가득했다.

다른 많은 작은 공룡들처럼, **오르니톨레스테스** 화석도 겨우 한 점 발견되었을 뿐이다.

부이트레랍토르 같은 작고 팔이 긴 수각류 공룡이 최초로 알려진 조류와 닮은 공룡인 아르카이옵테릭스와 뼈대가 비슷하다는 사실은 수십 년 전부터 알려져 있었다. 또 더 최근의 화석들은 이 가벼운 사냥꾼들의 몸 중 상당 부분이 일종의 깃털로 덮여 있었음을 보여 주는 증거이다. 이는 이 작은 공룡과 최초의 조류 사이의 차이가 단순히 팔의 길이와 깃털의 특성이었음을 뜻한다. **오르니톨레스테스**처럼 솜털형 깃털을 지닌 작고 날랜 사냥꾼은 언뜻 봐서는 새와 그리 비슷해 보이지 않을 수 있다. 하지만 오르니톨레스테스의 팔을 좀 늘이고 깃털을

작은 머리뼈

모노니쿠스의 머리뼈는 달걀보다 약간 긴 크기였다. 그러나 뇌는 몸집에 비해 아주 큰 편이었다. 따라서 비교적 지능이 높았을 것이다. 눈도 유달리 컸다. 어둑한 때에도 잘 보였을 테니 밤이나 어스름이 깔리는 시간에 가장 활발하게 움직였을지 모른다.

길이 5cm
달걀

눈구멍이 크다는 것은 모노니쿠스가 시력이 아주 좋았음을 뜻한다.

길이 6cm
모노니쿠스 머리뼈

더 늘인다면 막 날아오를 것처럼 보인다. 벨로키랍토르를 비롯하여 이들과 비슷한 동물들의 화석을 보면, 새의 것과 같은 긴 깃털이 팔에 나 있으며, 꼬리에 부채처럼 깃털이 나 있는 종류도 많았다. **에피덱십테릭스** 화석에서는 아주 긴 장식용 꼬리 깃털이 4개나 뚜렷하게 드러난다. 이런 여러 가지 깃털 덕분에 **메이롱** 같은 작은 사냥꾼들은 날개가 짧은 꿩이나 닭과 비슷해 보인다. 이 깃털 달린 사냥꾼들이 오늘날에도 살아 있다면, 우리는 날지 못하는 새라고 생각할 것이다.

최초의 이륙

이 **별난 모습의 이치**는 다른 조류형 공룡의 가까운 친척이었지만, 박쥐처럼 피부가 늘어서서 생긴 날개를 지녔다.

이후에 등장한 조류들과 달리, 이 동물은 뼈로 된 긴 꼬리를 지녔다. 꼬리 가장자리에 깃털이 달렸고, 끝에는 더 긴 깃털들이 부채처럼 펼쳐져 있곤 했다.

제홀로르니스

이 **초기 새**는 날개가 굽는 부위에 억센 손톱이 달려 있었다. 나무를 타거나 먹이를 잡는 데 썼을 수도 있다.

날카로운 이빨은 날고 있는 곤충을 잡는 데 쓰였을 것이다.

날개에 현생 조류와 똑같이 깃털들이 나 있었지만, 비행 능력은 그보다 떨어졌다.

이치

안키오르니스

볏 깃털을 자세히 조사하니, 회색 바탕에 녹슨 듯한 붉은색을 띠었던 것으로 짐작된다.

날카로운 발톱은 나무껍질을 움켜쥐고서 나무를 타는 데 도움이 되었을지 모른다.

안키오르니스의 발은 발톱만 빼고 짧은 깃털로 덮여 있었다.

새처럼 생긴 공룡은 적어도 1억 5000만 년 전의 쥐라기에 처음으로 진화해 등장했다. 당시에 많이 살았던 날지 못하는 사냥꾼들처럼, 이빨 난 턱과 긴 깃털이 달린 꼬리를 지니고 있었다. 이 동물들 대부분은 비행이라고 할 만한 동작에 적응된 것이 분명한 깃털 난 긴 날개를 지녔기 때문에, 새를 닮았다. 그러나 우리는 그 동물들이 얼마나 잘 날 수 있었는지 알지 못한다. **아르카이옵테릭스**(시조새)와 **제홀로르니스** 같은 동물들의 날개 깃털은 현생 조류의 것과 비슷하다. 하지만 어깨 관절을 보면 그들이 날개를 아주 높이 들어 올릴 수 없었다는 사실이 드러난다. 또

아르카이옵테릭스(시조새)

아르카이옵테릭스는 최초로 알려진 **조류형 공룡**으로 '시조새'라 불린다.

둘째발가락에는 땅에서 미끄러지지 않도록 하는 굽은 발톱이 달려 있었다.

꼬리 밑으로 **장식깃털**이 부채처럼 펼쳐져 있는 화석도 한 점 발견되었다.

미크로랍토르

미크로랍토르는 **눈**이 컸다. 큰 눈은 밤에 활동했거나 울창한 숲에서 살았음을 드러낸다.

날개깃털은 길이가 약 20cm였고, 나무 사이로 활공하는 데 도움이 되었을지 모른다.

다리에도 날개깃털과 비슷한 긴 깃털이 나 있었음을 화석을 통해 알 수 있다.

잘 보존된 미크로랍토르 화석에서 팔, 다리, 꼬리에 나 있는 **조류형 깃털**이 뚜렷이 보인다.

안키오르니스 　 미크로랍토르

현생 조류와 달리, 강한 비행 근육이 붙는 커다란 가슴뼈를 지니고 있지 않았다. **미크로랍토르** 같은 몇몇 종은 진정한 의미의 비행을 할 수 없었던 것이 거의 확실하다. 날개가 주로 나무에서 나무로 활공하는 쪽으로 적응했을 가능성도 있지만, 제홀로르니스를 비롯한 많은 종들의 발은 땅 위에서 생활하는 데 더 알맞다. 따라서 우리는 이런 동물이 정확히 어떻게 날아올랐는지 알지 못한다. 그저 그들이 길고 넓적한 날개를 지녔다는 것만 알 뿐이다. 그리고 어떤 식으로든 날 수 없었다면, 별 쓸모가 없었을 날개이다.

날아오르다

1억 5000만 년 전 쥐라기 후기에는 공룡의 시대가 아직 8000만 년 넘게 남아 있었다. 그러나 새처럼 생긴 최초의 공룡들은 당시 이미 하늘로 날아오르기 위한 실험을 하고 있었다. 그중 최초로 등장한 공룡 중 하나인 아르카이옵테릭스, 즉 시조새는 벨로키랍토르처럼 날쌘 사냥꾼의 친척이었다. 몸집은 까마귀만 했고, 아주 긴 팔에는 새의 것과 비슷한 깃털이 나 있었다. 정확히 새는 아니었지만, 새와 아주 가까웠다.

지금까지 아르카이옵테릭스 화석은 모두 유럽 지역에서도 얕은 바다에 둘러싸인 메마른 섬들에서 발견되었다. 아르카이옵테릭스가 살던 섬에는 나무가 거의 없었던 듯하다. 그래서 아마 도마뱀이나 곤충같이 땅에 사는 작은 동물들을 먹었을 것이다. 그러나 깃털 달린 긴 날개는 어떤 식으로든 유용했을 것이 분명하다. 땅에서 먹이를 추적할 때 속도를 높이는 데 도움이 됐을 수도 있다. 오늘날의 닭처럼 땅에서 돌아다니는 사냥꾼을 피해서 밤에 큰 관목 위로 날아올라가 잠자는 데 썼을 수도 있다. 아르카이옵테릭스는 더 큰 나무들이 있는 지역에서 진화하여, 날개를 써서 나무들 사이를 활공했을 수도 있다. 아직은 어느 쪽인지 확실히 알 수 없지만, 그 수수께끼를 풀어 줄 화석이 언젠가 발견될지도 모른다.

초기 조류

깃털의 진화

쥐라기에서 백악기 사이에, 깃털은 속이 빈 실오라기에서 현생 조류에서 볼 수 있는 복잡한 형태로 진화했다. 시간이 갈수록 깃대에서 점점 복잡한 곁가지들이 뻗으면서 얽혀 깃가지가 만들어졌다. 깃가지가 달린 초기 깃털에서는 깃대가 곧게 중앙에 자리했지만, 나중의 깃털은 깃대가 휘어지며 중심에서 벗어났다. 이런 비대칭적인 깃털은 날개의 효율을 높였고, 비행에 핵심적인 역할을 했다.

시조새가 굼뜬 첫 비행을 시작하고 약 2500만 년이 지난 백악기에, 새처럼 생긴 공룡들은 콘푸키우소르니스 같은 더 현대적인 모습의 조류로 진화하기 시작했다. 이 동물은 아직 날개에 커다란 손톱이 달려 있긴 했지만, 꼬리가 짧고 이빨이 없는 최초의 새에 속한다. 크기가 참새만 한 이베로메소르니스와 그보다 좀 더 큰 콘코르니스를 비롯하여 같은 시기에 살았던 새들처럼, 이 새도 비행 근육이 붙는 커다란 가슴뼈를 지녔다. 그러므로 틀림없이 아주 잘 날 수 있었을 것이다. 그로부터 머지않아 비행 스트레스에 견디는 더 강한 뼈대를 지녀서 비행에 더

적합한 **홍샤노르니스** 같은 새들이 등장했다. 그때까지도 작은 이빨을 지닌 새들이 아직 많았다. 약 9000만 년 전에 살았던 **이크티오르니스**처럼 물고기를 먹는 바닷새들이 특히 그랬다. 그러나 이빨을 버리고 부리를 택한 새들도 많았다. 지금으로부터 약 7000만 년 전인 백악기 후기에는 오늘날의 새와 같은 형태의 많은 새들이 거대한 공룡들의 머리 위를 날고 있었다. **파타곱테릭스** 같은 몇몇 새는 비행을 포기하고 타조처럼 생활했다. 한편 날지 못하는 **헤스페로르니스**는 거대한 가마우지처럼 물속에서 사냥하는 생활을 택했다.

거대한 새

키가 3m였던 드로모르니스는 지구 생물 역사상 **가장 큰 새**로 손꼽힌다.

갈리눌로이데스　드로모르니스

드로모르니스

공포새는 먹이를 잡아서 찢어 먹는 거대한 굽은 부리를 지녔다.

포루스라코스

목이 아주 유연해서 먹이를 재빨리 공격할 수 있었다.

굵은 다리로 엄청난 몸무게를 지탱했다. 사람보다 10배는 무거웠다.

이 화석은 현생 닭과 매우 비슷한 새가 4800만 년 전 북아메리카에 살았음을 보여 주는 증거이다.

몸부림치는 먹이를 날카로운 **발톱**으로 땅에 꽉 누른 뒤, 잡아먹었다.

갈리눌로이데스 화석

조류는 6600만 년 전 거대한 친척들을 몰살시킨 대량 멸종에서 살아남은 유일한 공룡이었다. 그 뒤로 조류는 부엉이, 오리, 펭귄 등 많은 새로운 유형으로 진화했고, 지금도 우리 곁에 있다. 4000만 년 전 무렵에는 우리에게 친숙한 조류 집단들이 대부분 출현했다.

그밖에도 '공포새'라는 날지 못하는 거대한 포식자를 비롯한 아주 기이한 새들도 있었다. 공포새에는 **포루스라코스**와 **티타니스**가 포함된다. 둘 다 키가 2m를 넘었고, 먹이를 잡아서 찢어 먹을 수 있는 굽은 부리와 거대한 발톱을 지녔고, 남북아메리카의 드넓은 평원에서

빙하기의 포식자 테라토르니스
수백 마리의 뼈대가 미국 캘리포니아의 끈적거리는 타르 구덩이에서 발견되었다.

테라토르니스

부리에는 뼈로 된 이빨 같은 톱니 모양이 나 있어서 미끄러운 물고기를 잡는 데 알맞았다.

오스테오돈토르니스

아르겐타비스

티타니스

디아트리마라고도 알려진 날지 못하는 거대한 새이다. 가스토르니스는 잎이나 싹을 먹었을 것이다. 커다란 씨와 견과를 깨먹는 데 뛰어났을 수도 있다.

이 맹금류는 생김새가 아주 비슷한 오늘날의 안데스콘도르보다 5배 더 무거웠다. 안데스콘도르는 하늘을 나는 현생 조류 중에서 가장 큰 축에 속한다.

가스토르니스

티타니스는 긴 다리로 시속 48km가 넘는 속도로 달릴 수 있었다. 그래서 작은 동물들을 거의 다 따라잡을 수 있었다.

이카딥테스의 부리는 현생 펭귄보다 훨씬 더 길고 더 뾰족했다.

이카딥테스

발자국 화석을 통해서 이 새의 발가락이 3개이고, 발 길이는 약 40cm였다는 사실이 알려졌다.

살았다. 그들은 당대의 가장 강력한 포식자에 속했다. 날지 못하는 또 다른 거인인 오스트레일리아의 **드로모르니스**는 아마 식물을 먹었을 것이며, 훨씬 더 앞서 등장한 **가스토르니스**도 마찬가지였을 것이다. 한편, 하늘을 날던 거대한 새들도 있었다. **아르겐타비스**는 약 500만 년 전에 아르헨티니의 평원을 날았는데, 날개폭이 8m에 달하는 독수리 같은 맹금류였다. 아마 지금까지 하늘을 난 새들 중 가장 컸을 것이다.

날래디날랜 포식자

긴 다리에 거대한 굽은 부리를 지닌 '켈렌켄'은 당시에 가장 빠르면서 가장 강한 포식자 중 하나였다. 사나운 '공포새' 중 가장 큰 종류였고, 약 1500만 년 전 남아메리카 파타고니아 평원에서 사냥하며 살았다. 아마 주된 먹이는 작은 포유류였겠지만, 속도와 힘으로 더 큰 먹이를 사냥했을 수도 있다.

2006년에 거의 온전한 켈렌켄 머리뼈 화석이 발견되었는데, 길이가 71cm에 달했다. 지금까지 알려진 새의 머리뼈 중 가장 컸다. 거대한 독수리의 것과 비슷하게 아주 크고 튼튼한 굽은 부리가 달려 있었다. 아마 그 강력한 부리로 독수리와 똑같은 방식으로 먹이를 찢어 먹었을 것이다. 작은 동물은 통째로 삼켰을 것이다. 켈렌켄은 키가 약 3m였고, 긴 근육질 다리로 대다수의 먹잇감보다 더 빨리 달릴 수 있었을 것이며, 아마 발톱으로 붙잡거나 움켜쥐어 먹이를 잡고 또 죽이기도 했을 것이다. 켈렌켄은 다른 사냥꾼들을 평원에서 숲으로 내몰 수 있을 만큼 강력했다. 키가 큰 켈렌켄이 숲속에서는 사냥하기가 어려웠기에 적응한 결과일 것이다.

익룡의 출현

초기 익룡

머리뼈가 불룩하게 튀어나와 볏을 이룬 부분은 아마 수컷만의 특징일 것이다. 암컷으로 여겨지는 화석에는 볏이 없다.

다르위놉테루스는 이전의 익룡들보다 목과 머리뼈가 더 길었다.

람포린쿠스는 창 같은 부리에 긴 바늘 모양의 이빨이 나 있었다.

뼈로 된 긴 꼬리는 모든 초기 익룡의 특징이었다. 후기의 익룡들은 꼬리가 훨씬 짧았다.

긴 넷째손가락은 바깥 날개의 길이와 무게 전체를 지탱하기 위해 굵어졌다.

거대한 공룡들은 익룡이라는 가까운 친척들과 함께 살았다. 익룡은 길게 늘어진 피부 날개로 날았던 파충류였다. 익룡의 날개는 박쥐의 날개와 비슷했지만, 아주 긴 손가락뼈 하나로 지탱되었다. 탄성 있는 근육 섬유가 날개를 탄탄하게 뒷받침했고, 넓게 펼쳐진 근육판으로 날개의 모양을 계속 조절함으로써 효율적으로 날 수 있었다. 익룡은 몸집이 작고 복슬복슬했으며, 몸이 가볍고, 시력이 뛰어났다. 뇌도 비교적 컸다. 지금까지 발견된 익룡 중 가장 오래된 종류는 약 2억 1000만 년 전 트라이아스기 후기에 출현했다. **에우디모르포돈** 같은

까마귀만 한 동물이었다. 목이 짧았고 뼈로 된 긴 꼬리를 지녔다. 또 대부분은 먹이에 알맞게 다양한 형태로 날카로운 이빨이 나 있었다. **람포린쿠스** 같은 익룡은 아마 공중에서 휙 내리꽂히듯 빠르게 내려와서 물고기를 잡아먹었을 것이다. 한편, **소르데스**나 **디모르포돈** 같은 익룡은 주로 곤충과 작은 동물들을 잡아먹었는데, 땅에 사는 먹잇감을 잡거나 아니면 날카로운 날개 손톱으로 나무를 기어올라 사냥했을 것이다.

후기 익룡

2013년 브라질에서 발견된 이 중간 크기의 익룡은 머리에 아주 멋진 볏이 달려 있었다.

날개폭은 3m를 넘었다.

카우페닥틸루스

대다수 익룡처럼, 프테라노돈도 날개가 구부러지는 지점에 움직일 수 있는 손가락이 3개 달려 있었다.

프테라노돈은 화석이 **1,200점** 넘게 발견됐다. 그래서 **가장 잘 알려진 익룡**이다.

익룡은 조류처럼 **시력이** 아주 좋았으며, 뇌에 비행 중추가 잘 발달했다.

후기 익룡은 **목이 길어서** 땅에서 먹이를 낚아채기가 더 쉬웠다.

엘라노닥틸루스

루도닥틸루스

타페자라   프테라노돈

약 1억 6600만 년 전 쥐라기 때, 새로운 신체 구조를 지닌 익룡이 출현하기 시작했다. 목이 더 길고 꼬리는 더 짧았으며, 땅 위에서의 생활에 더 적응되어 있었다. 발자국 화석에서 찾은 증거들은 **타페자라**와 **엘라노닥틸루스** 등 그들 중 상당수가 이동에 방해되지 않도록 바깥 날개를 접은 채 네 발로 으레 걸어 다녔다는 것을 보여 준다. 몇몇 익룡은 걸으면서 사냥을 할 수 있을 만큼 민첩했을 것이다. 반면에 **프테라노돈**과 **케아라닥틸루스** 같은 익룡들은 바다에서 사냥을 한 듯하다. 그들은 바닷새처럼 수면에서 헤엄을 치다가 잠깐 잠수하여 물고기를 잡을 수 있었을

날카로운 이빨이 난 긴 턱은 바다에서 물고기를 잡는 데 알맞았다.

프테라노돈의 길고 홀쭉한 날개는 현생 앨버트로스의 날개처럼 바다 위를 높이 나는 데 쓰였다.

아주 길어진 넷째손가락 뼈가 바깥 날개를 지탱했다.

케아라닥틸루스

프테라노돈

많은 익룡이 그렇듯이, 이 익룡도 부리처럼 생긴 긴 턱에 이빨이 전혀 없었다.

알란카

바깥 날개를 접어 올린 채 네 손발로 걸을 수 있었다.

타페자라

익룡은 어떻게 진화했을까

초기 익룡은 뼈로 된 긴 꼬리, 짧은 목, 뾰족한 이빨이 가득한 힘센 턱을 갖춘 전형적인 까마귀만 한 동물이었다. 쥐라기 동안 익룡은 서서히 점점 커지면서 꼬리가 점점 짧아졌고, 대신에 목과 턱이 점점 길어졌다. 이빨도 없어진 종류가 많아졌다. 또 후기 익룡 중에는 머리에 멋진 볏이 달린 종류가 많았다.

아주 긴 꼬리 / 짧은 목 / 머리 볏 / 짧은 꼬리 / 긴 목

초기 익룡   후기 익룡

것이다. 후기 익룡 중 상당수는 이전에 등장한 익룡들에 비해 거대했다. 프테라노돈은 날개폭이 7m를 넘었고, 케찰코아틀루스와 하체곱테릭스같이 가장 큰 편에 속한 익룡들은 날개폭이 10m를 넘어서 거의 작은 항공기만 했다. 이러한 후기 익룡들은 지구 역사상 가장 큰 비행 동물이었다. 지금껏 발견된 모든 증거들은 익룡이 거대한 독수리처럼 상승 기류를 타고 아주 먼 거리를 날 수 있었던 탁월한 비행사였음을 시사한다.

허공을 맴도는 포식자

7000만 년 전에 북아메리카에 살았던 작은 공룡들은 티라노사우루스의 먹이가 되곤 했지만, 또 다른 방향에서 닥쳐온 위험에 처하기도 했다. 바로 하늘이었다. 작은 공룡들 위쪽의 높은 하늘에서는 케찰코아틀루스가 순찰하듯 날아다니고 있었다. 이 거대한 익룡은 커다란 맹금류처럼 상승 기류를 타고 맴돌면서, 먹잇감을 잡을 기회를 노리며 땅을 지켜보고 있었다.

케찰코아틀루스는 비행 능력이 대단히 뛰어났고, 멀리서도 먹이를 포착할 수 있을 만큼 시력이 뛰어났다. 그러나 공중에서 먹이를 낚아챌 수 있을 정도로 강한 발톱을 갖추고 있지는 않았다. 그래서 케찰코아틀루스는 아마 먼저 땅에 내려앉은 뒤에, 긴 바깥 날개를 접어올린 다음, 네 발로 걸어서 나무 아래로 슬그머니 다가갔을 것이다. 키가 기린만 했기에, 케찰코아틀루스는 머리를 치켜들면 덤불이나 작은 나무 너머가 잘 보였을 것이다. 또 긴 목을 멀리까지 뻗을 수 있었기에, 먹잇감이 채 알아차리기도 전에 덮칠 수 있었을 것이다. 케찰코아틀루스는 이빨도 굽은 부리도 없었기에 먹이를 찢을 수 없었지만 이 티타노사우루스 새끼 같은 공룡을 통째로 삼킬 수 있을 만큼 턱이 컸다.

화려한 볏

잘 보존된 화석은 프테로닥틸루스의 볏이 오로지 탄력 있는 연골과 피부로 이루어져 있었음을 보여 줬다.

프테로닥틸루스

프테로닥틸루스는 과학계에 **최초로 알려진 익룡 화석**의 주인공이었다.

탈라소드로메우스의 볏에는 얇은 뼈판이 들어 있었다.

이 익룡은 뼈로 된 **볏**을 덮은 **피부**가 화려한 색깔을 띠고 있었을지 모른다.

탈라소드로메우스

투푹수아라

수많은 후기 익룡의 머리에는 화려한 볏이 달려 있었다. 화려한 볏은 경쟁자와 짝이 될 상대에게 과시하는 용도로 발달한 것이 거의 확실하다. **투판닥틸루스**와 **닉토사우루스**의 볏은 가느다란 뼈로 된 버팀대에 피부나 뿔이 뒤덮인 형태이며, 크기는 거대하지만 무게는 가벼운 구조물이었다. **탈라소드로메우스**의 볏은 더 작았는데, 얇고 가벼운 뼈판으로 되어 있었다. 반면에 **프테로닥틸루스** 같은 종들의 볏은 전적으로 부드러운 조직으로 되어 있었다. 익룡의 볏은 아마 화려한 색깔을 띠었을 것이다. 화석을

뽐내는 볏

프테라노돈의 온전한 뼈대 화석은 지금까지 꽤 많이 발견되었다. 과학자들은 프테라노돈 뼈 화석의 골반을 보고 암수를 구별할 수 있다. 수컷은 볏이 더 크다는 특징이 있다. 이는 볏이 오늘날 공작 같은 새들의 장식깃털처럼 구애에 중요한 역할을 했다는 의미다.

암컷은 볏이 비교적 작았다.

수컷은 볏이 훨씬 더 컸고, 종에 따라 모양이 달랐다.

프테라노돈 암컷

프테라노돈 수컷

닉토사우루스의 머리뼈 위로는 갈라진 막대 모양의 뼈가 높이 뻗어 있었다. 그 뿔은 머리뼈보다 3배나 길었다.

닉토사우루스

투판닥틸루스의 볏은 익룡 중에서 가장 큰 축이었지만, 아마 그다지 무겁지는 않았을 것이다.

투판닥틸루스

이 거대한 익룡은 아주 긴 머리뼈 위에 얇은 볏이 달려 있었을 것이다.

이빨 없는 부리는 길이가 2.5m인 것도 있었다. 육상 동물 중에서 최고 기록이다.

하체곱테릭스

트로페오그나투스

일부 익룡은 턱에 뼈로 된 볏이 있었다.

자외선으로 찍어 관찰해 보니 색깔 띠가 있었던 흔적이 드러났다. 대다수의 익룡은 암컷이든 수컷이든 다 볏이 있었는지 없었는지를 확실하게 알 수 없다. 하지만 프테라노돈의 머리뼈 화석들에서는 볏이 가장 큰 쪽이 수컷이고, 더 작은 쪽은 암컷이었다는 특징이 명확히 드러났다. 이런 식으로 성별에 따른 외모 차이는 현생 새들에게서도 흔히 발견된다. 예를 들어, 공작은 수컷이 암컷보다 꼬리가 더 길고 깃털은 더 화려한 색깔을 띤다.

해양 세계

중생대 해양 생물

해양 세계

이 거대한 물고기는 입 안쪽에 물에서 작은 동물들을 걸러 내는 그물 같은 판이 있었다.

이 게는 약 8000만 년 전 따뜻한 얕은 바다에 살았다.

껍데기의 지름이 5cm를 넘었다.

암모나이트

이렇게 둘둘 말린 껍데기는 암모나이트의 부드러운 몸을 보호했다.

게 화석

레에드시크티스

가장 큰 물고기

레에드시크티스는 몸무게가 스쿨버스와 비슷했고, 몸길이는 더 길었다. 역사상 가장 큰 물고기에 속했다.

레에드시크티스 길이 16.5m

버스 길이 11m

이 화석은 바닷물에서 흡수한 단단한 석회질 광물로 이루어진 나선형 껍데기를 보여 준다.

고둥 화석

고생대, 즉 고대 생물의 시대는 약 2억 5200만 년 전에 일어난 대량 멸종으로 끝이 났다. 이 사건은 모든 해양 생물종의 96퍼센트를 전멸시킬 정도로 극심했다. 그 뒤로 수세기에 걸쳐서, 즉 공룡의 시대인 중생대 초기까지만 해도 바다는 거의 생물이 없는 상태였을 것이다. 그러나 일부 동물은 살아남았고, 수가 불어나면서 텅 빈 공간을 차지하기 시작했다. 해양 생태계는 약 500만 년이 지난 뒤에야 진정으로 회복되기 시작했다. 생존한 해양 동물들이 많은 새로운 형태로 진화하면서 큰 변화가 일어났다. 이때 등장한 바다 동물들로는 **어류**, 상어류,

해저에 살았던 이 바다나리는 꽃잎 모양의 팔을 뻗어서 바닷물에서 먹이를 걸렀다.

오징어처럼 생긴 이 연체동물은 몸이 유선형이어서 아마 빨리 헤엄칠 수 있었을 것이다.

현생 투구게와 매우 비슷하지만, 거대한 공룡들과 같은 시대에 살았던 고대의 투구게다.

몸통의 긴 줄기는 단단한 표면에 붙어 있었다.

바다나리 화석

벨렘나이트

투구게 화석

벨렘나이트도 오징어처럼 빨판이 달린 두 긴 촉수로 먹이를 잡았다.

1억 5000만 년이 지난 지금도 **반들거리는 비늘**을 볼 수 있는 놀라운 화석이다.

5억 년 전 해저에서 먹이를 구하던 거미불가사리의 가느다랗고 유연한 모습을 화석으로 볼 수 있다.

몸길이 1.8m였던 레피도테스의 화석은 세계 곳곳에서 발견되어 왔다.

레피도테스 화석

거미불가사리 화석

뭉툭한 눈물방울 모양의 이빨로 패류를 깨먹었다.

중생대 해양 생물

해양 파충류뿐 아니라, 껍데기를 지닌 연체동물, **게류**, **불가사리류** 같은 무척추동물들도 있었다. 특히 단단한 껍데기를 지닌 무척추동물이 흔해졌고, 대량으로 화석이 되었다. **암모나이트류**와 **벨렘나이트류**가 특히 번성했으며, 둘 다 오징어의 친척이었다. 암모나이트와 벨렘나이트는 중생대를 끝내고 공룡을 전멸시킨 대량 멸종 때 사라졌다. 그러나 다른 유형의 해양 동물은 살아남아서 오늘날도 바다에서 번성하고 있다.

초기 해양 파충류

입이 넓적했던 이 파충류는 특이하게도 현생 바다이구아나처럼 바닷말을 먹는 초식 동물이었던 듯하다.

현생 악어처럼 머리가 길고 납작하면서 아주 강한 턱을 지녔다.

구안링사우루스

긴 이빨은 서로 맞물리면서 물고기를 비롯한 매끄러운 먹이를 주둥이에 가두었다.

모든 이크티오사우루스류처럼, 구안링사우루스도 물속에서 빠르게 나아가는 데 적응하여 **날렵하고 어류 같은 몸**을 지녔다.

노토사우루스는 아마 **물범**처럼 해안으로 올라와서 **새끼를 낳았을 것**이다.

헤노두스

뼈판으로 되어 몸을 보호하는 껍데기를 지니고 있었다.

공룡이 살던 시대의 어류를 비롯한 해양 동물들은 바다에서 살 수 있게 적응한 파충류의 먹이가 되었다. 이런 해양 파충류는 약 2억 4500만 년 전이었던 트라이아스기의 바다에서 흔해지기 시작했으며, 저마다 다른 먹이를 먹으며 사는 다양한 종들로 빠르게 진화했다.

플라코두스와 같이 네 발로 돌아다니던 플라코돈트류는 해저에서 단단한 껍데기를 지닌 조개 같은 패류를 찾아 먹었고, **아토포덴타투스** 같은 파충류들은 바닷말을 뜯어 먹었다. 뾰족한 이빨로 무장한 악어처럼 생긴 **노토사우루스**는 어류뿐 아니라 다른 해양 동물들도

아토포덴타투스

플라코두스는 모양이 다양한 이빨로 패류의 껍데기를 깨서 먹었다.

믹소사우루스

모든 이크티오사우루스류처럼, 믹소사우루스도 다리가 빨리 헤엄치기에 알맞은 효율적인 지느러미발로 변형되어 있었다.

유별나게 길고 가느다란 주둥이를 지닌 이 동물의 등은 다른 해양 파충류와 상어를 막을 갑옷으로 덮여 있었다.

플라코두스

노토사우루스

후페수쿠스

노토사우루스는 현생 해달처럼 물갈퀴가 달린 발을 지녔다.

해양 파충류

고대 바다에 살던 파충류는 육지에 살던 거대한 공룡이 바다로 옮겨간 것처럼 보인다. 그러나 그들 중 지배파충류에 속한 종류는 적었다. 대다수의 해양 파충류는 파충류 계통수의 다른 가지에 속했으며, 공룡보다는 도마뱀이나 뱀과 더 가까웠다.

```
어류
 │
사지류
 │
파충류
 ├──────────┐
해양 파충류   지배파충류
             │
            공룡
```

쇼니사우루스

이크티오사우루스의 일종으로 고래만 하며 긴 주둥이를 지녔다.

지느러미발은 유달리 길쭉하고 폭이 좁았다.

먹었다. 이와 같은 초기 해양 파충류들은 대부분 다리가 있었고, 아마 물범처럼 해안에서도 지냈을 것이다. 그러나 돌고래처럼 생긴 이크티오사우루스류는 공기 호흡을 하긴 했지만, 바다에서만 사는 쪽으로 적응했다. **믹소사우루스**와 **쇼니사우루스** 같은 동물들은 물속에서만 사는 쪽으로 적응했다. 그들의 유선형 몸과 힘센 꼬리는 상어의 것과 비슷했다. 그래서 먹이를 뒤쫓아서 아주 빠르게 헤엄칠 수 있었다.

지느러미발과 꼬리

플레시오사우루스

플레시오사우루스류의 목은 유연성이 떨어졌지만, 몸을 유선형으로 유지하는 데 도움을 주었다.

지느러미발 뼈

긴 꼬리를 좌우로 쳐서 이동 속도를 갑자기 올릴 수 있었다.

틸로사우루스

손가락뼈 수십 개가 모여서 납작한 노 모양을 이루었다.

이크티오사우루스

앞지느러미발은 방향타로 쓰였다.

로말레오사우루스

척추뼈가 강한 꼬리의 아래쪽을 따라 뻗어 있었다.

게오사우루스

꼬리는 배의 키처럼 방향타로 썼다.

강한 지느러미발로 물을 저어 나아갔다.

악어의 가까운 친척이었던 게오사우루스는 물고기의 것과 비슷한 꼬리에 노처럼 생긴 작은 다리를 지녔다.

많은 선사 시대 파충류는 바다에서 살기 위해 육지의 삶을 포기했다. 시간이 더 지난 뒤에 등장한 물범과 고래 같은 해양 포유류처럼, 고대의 파충류도 미끈한 유선형의 몸을 갖추고 다리를 지느러미발처럼 사용함으로써 수중 생활에 적응했다. **노토사우루스**는 물갈퀴가 달린 노처럼 생긴 발로 헤엄을 쳤지만, 물범처럼 번식기에는 뭍으로 올라올 수 있었다. 수중 생활에 완전히 적응했고 아마도 물속에서 더 날쌨을 해양 파충류도 있었다. **플레시오사우루스**와 목이 그보다 짧은 친척인 **로말레오사우루스**는 물속에서 날개처럼 생긴 지느러미발을 젓거나 펄럭임으로써 앞으로

물갈퀴 달린 발은 헤엄칠 때뿐 아니라 뭍에서도 유용했을 것이다.

노토사우루스

이크티오사우루스류는 상어처럼 꼬리를 좌우로 치면서 나아갔다.

스테놉테리기우스

지느러미발과 꼬리

거북류의 뒷지느러미발은 방향을 잡는 데에만 쓰인다.

프로토스테가

일부 모사사우루스류는 초승달 모양의 꼬리지느러미를 지녔다.

모사사우루스류는 꼬리 근육을 움직여서 **매복 공격**에 필요한 힘을 얻었다.

모사사우루스

앞지느러미발은 방향을 잡는 키처럼 쓰였다.

나아갔다. 헤엄칠 때 네 발을 다 썼는지, 거북처럼 앞발만 쓰고 뒷발은 방향타로 썼는지는 불분명하다. 파충류 세계에서 가장 빠른 수영 선수는 **이크티오사우루스**와 **스테놉테리기우스** 같은 이크티오사우루스류였다. 이크티오사우루스 수영 선수들은 상어의 꼬리처럼 생긴 꼬리를 좌우로 치면서 지느러미로 방향을 잡았다. 초기 모사사우루스류는 악어의 꼬리 같은 납작한 꼬리를 좌우로 움직이면서 물속을 나아갔다. 더 뒤에 진화한 **모사사우루스** 같은 종류는 보다 효율이 좋은 꼬리지느러미를 갖추었다.

거대 해양 파충류

엘라스모사우루스

이 거대한 플리오사우루스의 날카로운 **이빨**은 다른 해양 파충류와 미끄러운 어류를 잡는 데 알맞았다.

메가케팔로사우루스

거대한 몸집에 비해 **머리**는 아주 작았다.

머리뼈 길이만 2m를 넘었다.

몸길이 약 7m이었던 엘라스모사우루스는 공룡 중에서 목이 가장 긴 편에 속했다.

플리오사우루스

몸길이 약 13m로서, 플리오사우루스류에서 가장 큰 편이었다.

이크티오사우루스류는 가장 성공한 해양 파충류에 속하며, 지금까지 화석으로 발견된 종류가 크게 보아서 적어도 50가지가 넘는다.

머리뼈를 조사한 결과, 이 플리오사우루스는 후각이 아주 발달했음이 드러났다. 뛰어난 후각은 아마 먹이를 추적하는 데 썼을 것이다.

눈은 지름이 약 20cm로 아주 컸다.

이크티오사우루스

몸길이는 12m였다.

템노돈토사우루스

파충류는 트라이아스기에 바다에서 번성했다. 그러나 약 2억 년 전 트라이아스기는 대량 멸종으로 끝이 났다. 그때 바다를 지배했던 거대한 파충류도 상당수가 사라졌다. 생존자들이 생태계를 회복하기까지 오랜 시간이 걸렸다. 그러나 그 뒤로 1억 3500만 년에 걸쳐서 살아남은 해양 파충류 중 일부가 지구 역사상 가장 강력한 포식자들로 진화했다. **다코사우루스** 같은 종류는 생김새가 오늘날의 악어와 비슷했지만, 바다에서 살아가는 데 적응했다. 어룡류인 **이크티오사우루스**와 그 거대한 친척인 **템노돈토사우루스**는 파충류판 돌고래와 더 비슷했다.

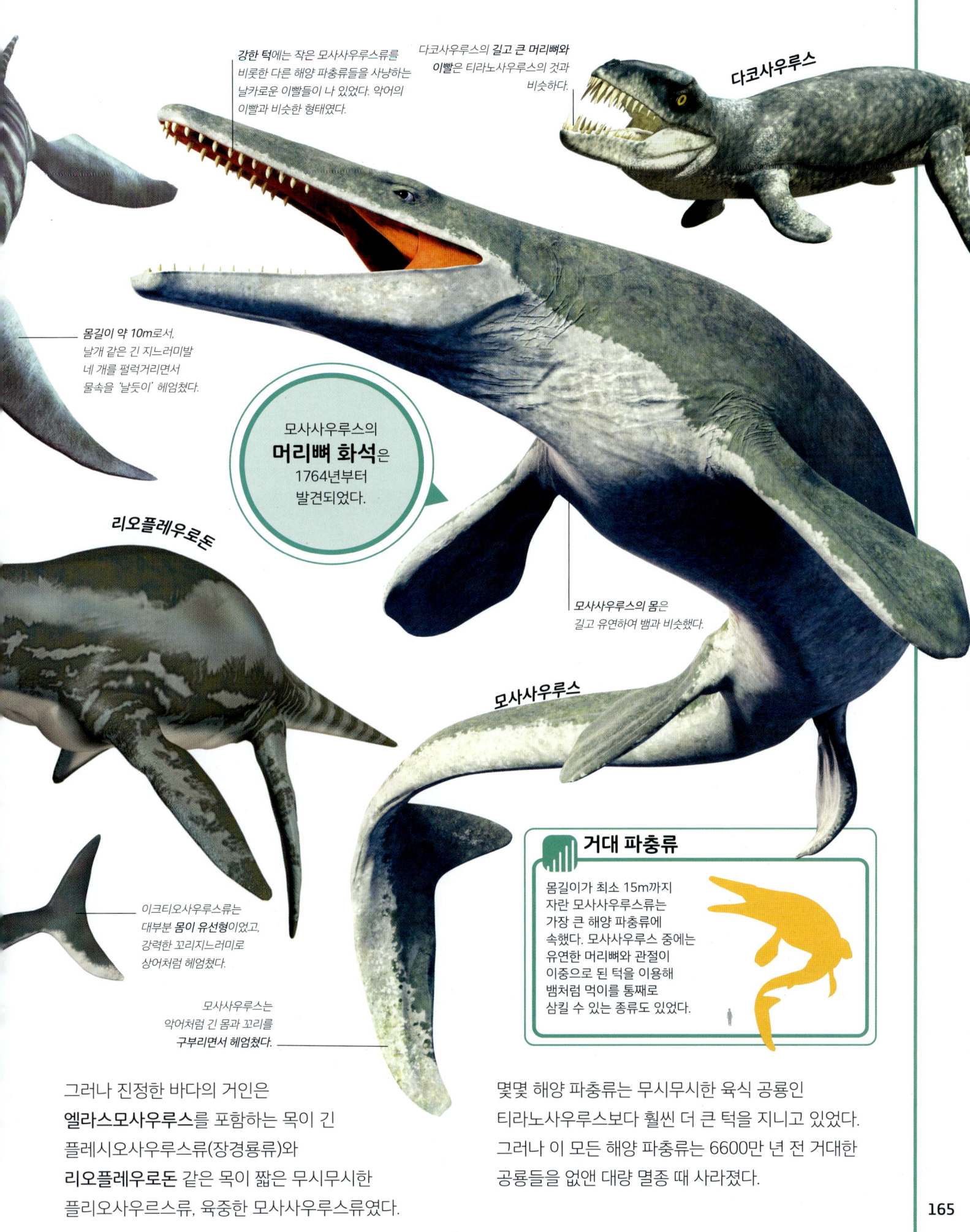

강한 턱에는 작은 모사사우루스류를 비롯한 다른 해양 파충류들을 사냥하는 날카로운 이빨들이 나 있었다. 악어의 이빨과 비슷한 형태였다.

다코사우루스의 길고 큰 머리뼈와 이빨은 티라노사우루스의 것과 비슷하다.

다코사우루스

몸길이 약 10m로서, 날개 같은 긴 지느러미발 네 개를 펄럭거리면서 물속을 '날듯이' 헤엄쳤다.

모사사우루스의 **머리뼈 화석**은 1764년부터 발견되었다.

리오플레우로돈

모사사우루스의 몸은 길고 유연하여 뱀과 비슷했다.

모사사우루스

이크티오사우루스류는 대부분 몸이 유선형이었고, 강력한 꼬리지느러미로 상어처럼 헤엄쳤다.

모사사우루스는 악어처럼 긴 몸과 꼬리를 **구부리면서 헤엄쳤다.**

거대 파충류

몸길이가 최소 15m까지 자란 모사사우루스류는 가장 큰 해양 파충류에 속했다. 모사사우루스 중에는 유연한 머리뼈와 관절이 이중으로 된 턱을 이용해 뱀처럼 먹이를 통째로 삼킬 수 있는 종류도 있었다.

그러나 진정한 바다의 거인은 **엘라스모사우루스**를 포함하는 목이 긴 플레시오사우루스류(장경룡류)와 **리오플레우로돈** 같은 목이 짧은 무시무시한 플리오사우루스류, 육중한 모사사우루스류였다.

몇몇 해양 파충류는 무시무시한 육식 공룡인 티라노사우루스보다 훨씬 더 큰 턱을 지니고 있었다. 그러나 이 모든 해양 파충류는 6600만 년 전 거대한 공룡들을 없앤 대량 멸종 때 사라졌다.

매복 사냥꾼

중생대 바다에는 지구 역사상 가장 무시무시했던 몇몇 포식자가 숨어 있었다. 플리오사우루스류도 그랬다. 그들은 다른 해양 파충류를 비롯한 크고 힘센 먹잇감을 사냥하는 데 알맞은 거대한 턱을 지닌 동물이었다. 리오플레우로돈이 대표적이었다. 몸길이 약 7m에 대못같이 커다랗고 날카로운 이빨로 무장한 리오플레우로돈에게 맞설 포식자는 없었다.

리오플레우로돈은 약 1억 6300만 년 전 쥐라기 후기의 바다에 살았다. 위 그림에 보이는 목이 긴 장경룡은 리오플레우로돈의 친척이었지만, 거리낌 없이 사냥했다. 리오플레우로돈도 장경룡도 긴 지느러미발을 움직여서 헤엄쳤다. 비슷한 모양의 로봇을 만들어서 실험해 보니, 이들이 엄청나게 가속할 수 있었다는 사실이 드러났다. 리오플레우로돈은 빠른 수영 속도를 사냥 전략에 이용했을지도 모른다. 어두컴컴한 깊은 곳에 기다리고 있다가, 먹잇감이 지나가면 와락 덮쳐서 찢었을 것이다. 크기가 작은 장경룡쯤은 통째로 삼켰을 수도 있다. 무시무시한 포식자 리오플레우로돈은 약 1000만 년 동안 바다를 지배했다.

포유류의 등장

새로운 세계

메타세쿼이아는 1억 5000만 년 전에 거대한 공룡들의 먹이가 되었던 침엽수류와 거의 똑같다.

메타세쿼이아 잎

나비 화석

꿀을 먹는 나비의 화석이며 5000만 년 이상 된 암석에서 발견되었다.

씨는 비늘로 감싼 구과 안에 들어 있다.

목련은 현재까지 번성하고 있는 꽃식물이며, 약 1억 3000만 년 전에 처음으로 꽃을 피웠다.

나뭇잎 화석

그동안 발견된 많은 화석 잎은 현생 잎과 형태가 비슷하다.

곤충

약 2000만 년 전에 살았던 이 벌도 현생 꿀벌처럼 꿀을 빨고 꽃가루를 옮겼다.

벌 화석

공룡의 시대였던 중생대에는 수억 년에 달하는 대부분의 기간 동안 화려한 색깔을 띠거나 달콤한 향기를 풍겨 곤충을 꾀는 꽃이 전혀 없었다. 녹색 잎이 있는 양치류, 야자처럼 생긴 석송류, 구과를 맺고 잎이 뾰족한 침엽수가 식물 세계를 지배했다. 꽃식물이 지구에 처음 등장한 시기는 약 1억 4000만 년 전이었다. 그 꽃들은 대부분 크기가 작았고, 바람을 통해 꽃가루를 옮겼다. 그러나 약 1억 년 전에 이르자 **초기 목련류**와 **아르카이안투스** 같은 크고 눈에 확 띄는 꽃들이 많이 피어났고, 공룡이 멸종할 무렵에는 세계가 이미 달라져 있었다. 중생대 뒤에 이어진

플로리산티아 화석

4900만 년 전의 이 화석은 달콤한 꽃꿀을 만드는 구조가 있었음을 보여 준다.

5000만 년 된 이 딱정벌레의 겉뼈대는 으깨지긴 했어도 살아 있을 때의 윤기를 여전히 간직하고 있다.

약 4700만 년 된 여왕개미가 세세한 부분까지 잘 보존되어 있는 화석으로 발견되었다.

큰 날개를 가진 곤충 개미 화석

새로운 세계

아르카이안투스

이처럼 밝은 색의 꽃잎은 꽃가루를 먹고 사는 초기 딱정벌레를 꾀었을 것이다.

비단벌레 화석

지금도 살고 있는 **비단벌레**는 약 1억 5000만 년 전에 출현했다.

마름 열매(물밤)

뿌리 난 마름 열매는 초기 석기 시대에 사람들의 식량으로 쓰였다.

신생대에는 꿀을 지니고 화려하면서 아마도 향기도 풍겼을 꽃들을 피우는 **플로리산티아** 같은 식물이 크게 늘어났다. 꽃을 피우는 식물과 더불어 **벌**과 **나비**처럼 꿀을 빠는 곤충들도 진화했다. 꿀을 먹는 곤충들은 바람보다 더 효율적으로 꽃가루를 꽃에서 다른 꽃으로 옮김으로써, 식물이 더 쉽게 씨를 맺도록 도와주었다. 이러한 변화는 '포유류의 시대'인 신생대가 이전의 모든 시대들보다 훨씬 더 다채로웠으며, 훨씬 더 다양한 곤충들이 날아다녔다는 의미다.

171

호박에 갇힌 동물

사마귀

살아 있을 때의 모습 그대로 보존된 이 사마귀는 개미를 잡아먹으려다가 붙들린 듯하다.

이 전갈은 오늘날의 전갈과 똑같이 **커다란 집게발**을 갖고 있다. 아마 똑같이 먹이를 잡는 데 썼을 것이다.

새

동물이 갇힌 호박 중 가장 오래된 것은 **2억 3000만 년** 전의 것이다.

이 호박에는 **새끼 새의 발톱**이 뚜렷이 보인다. 이 새는 약 1억 년 전, 거대한 공룡의 시대에 살았다.

선사 시대 생물에 관해 알려진 지식은 대부분 화석에서 얻은 것이다. 화석은 동물과 식물, 다른 생물들의 잔해나 흔적이 암석으로 변해서 만들어진다. 대개는 생물에서 뼈처럼 가장 단단한 물질만이 화석으로 남으며, 뼈보다 부드러운 조직들은 모두 사라진다. 그러나 가장 작은 동물의 모든 세세한 부위까지 온전히 보존하는 자연적인 과정이 하나 있다. 바로 생물이 호박 속에 갇혀 보존되는 것이다. 금황색을 띠는 유리처럼 매끄러운 물질인 호박은 소나무 같은 나무의 상처 난 껍질에서 스며 나온 끈적거리는 나뭇진이 딱딱하게 굳어서 만들어진다.

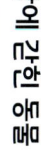

호박에 갇힌 동물

파리

이 파리처럼 호박에 든 곤충은 세세한 부위까지 잘 보존되어서, 과학자들이 종을 분류하고 연구하는 데 도움이 된다.

깃털

호박에 보존된 깃털 중에는 오래전에 사라진 공룡의 것도 있다. 현생 조류의 것과 똑같아 보인다.

전갈

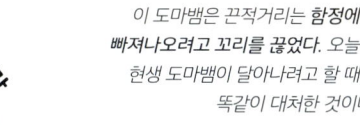

선사 시대의 전갈도 아마 꼬리에 침이 있었을 것이다.

도마뱀

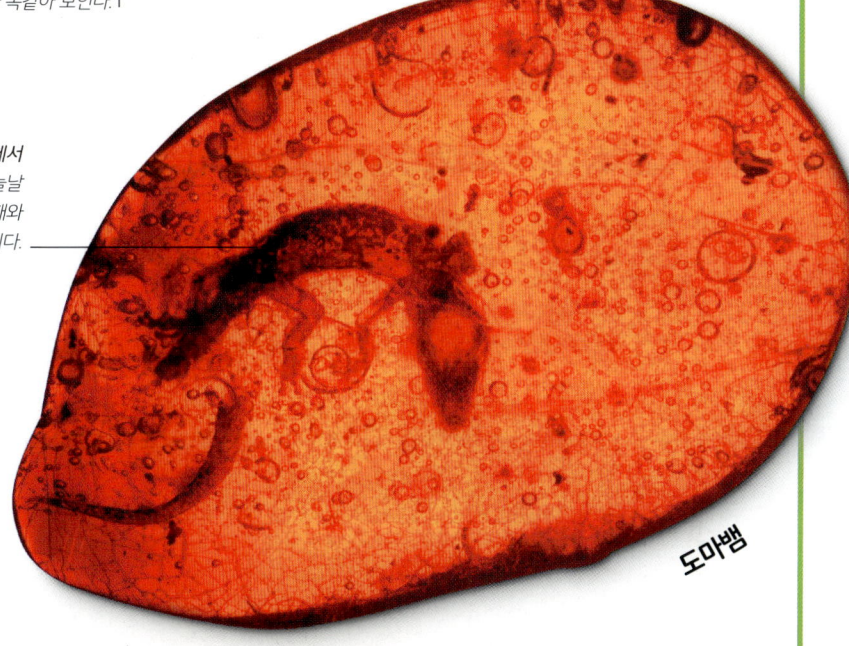

이 도마뱀은 끈적거리는 함정에서 빠져나오려고 꼬리를 끊었다. 오늘날 현생 도마뱀이 달아나려고 할 때와 똑같이 대처한 것이다.

적어도 1500만 년은 되었지만 세세한 부분까지 완벽하게 보존되어 있다.

거미

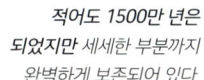

이 거미는 4000만 년에서 6000만 년 된 호박에 들어 있다.

지네

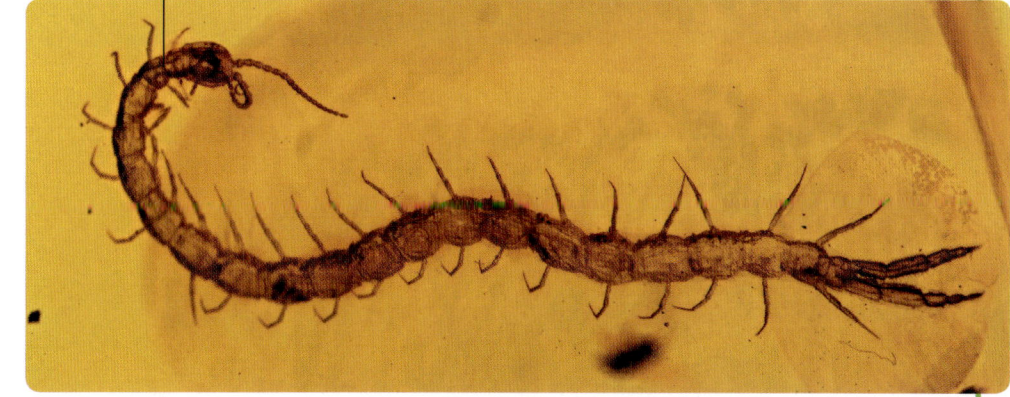

나뭇진에 내려앉은 곤충은 들러붙어서 쉽게 빠져나가지 못하며, 버둥댈수록 더 많은 나뭇진을 뒤집어쓰고 갇힌다. 나뭇진은 서서히 굳으며, 수백만 년이 흐르면 안에 곤충이 그대로 보존된 상태로 투명한 유리질의 호박이 된다. **곤충**부터 **거미**, **지네**, 개구리, 심지어 작은 **새**까지 다양한 종류의 작은 생물들이 보존된 호박이 많이 발견되어 왔다. 그중에는 거대한 공룡과 함께 살았던 동물들도 있다. 아주 긴 세월을 갇혀 있었던 셈이다. 그러나 호박은 포유류의 시대 초기인 약 4400만 년 전부터 형성된 것들이 대부분이다.

최초의 포유류

프루이타포소르

프루이타포소르는 크기가 다람쥐만 했으며, 굴을 파고 사는 동물이었다.

이 식충 동물은 강한 앞다리로 흰개미 둥지를 파헤치기도 했을 것이다.

시노델피스

알려진 유대류 중에서 가장 오래된 종으로서, 1억 2500만 년 전에 오늘날의 중국 지역에서 살았다.

잘람달레스테스

이 식충 동물은 긴 뒷다리로 토끼처럼 폴짝 뛰어다녔다.

에오조스트로돈

굴을 파는 데 알맞은 **짧은 다리**를 지녔다. 낮에는 포식자인 공룡을 피해서 굴에 숨어 지냈다.

최초의 포유류는 약 2억 500만 년 전, 중생대의 첫 번째 시기인 트라이아스기 후기에 등장했다. 그 뒤로 1억 4000만 년 동안 포유류는 공룡의 그늘 아래에서 살았다. 초기 포유류는 몸집이 작고, 아마 야행성이었을 것이다. 하루 대부분의 시간을 울창한 숲 바닥이나 땅속에 숨어 지내면서 곤충이나 작은 동물을 잡아먹었다. 이렇게 숨어 살던 동물 중 몸집이 가장 컸던 레페노마무스도 현생 오소리만 했다. **모르가누코돈**과 **에오조스트로돈** 같은 최초의 포유류는 자신들의 조상인 파충류처럼 그리고 오늘날의 현생 오리너구리처럼 알을 낳았을

최초의 포유류

것이다. 이런 식으로 알을 낳아 번식하는 현생 포유류를 단공류라고 한다. 그러나 중생대 후기에 출현한 **시노델피스** 같은 동물들은 현생 캥거루가 포함되는 유대류와 비슷하게 살아 있는 새끼를 낳기 시작했다. 유대류는 아주 작은 새끼를 낳아 육아낭이라고 하는 주머니에 넣어 기르는 동물들이다. 잘 발달한 새끼를 낳는 태반류는 시간이 더 흐른 뒤인 약 9000만 년 전에 출현했다. 이 세 종류의 포유류는 모두 중생대를 끝낸 대량 멸종에도 살아남아서, 현생 포유류의 조상이 되었다.

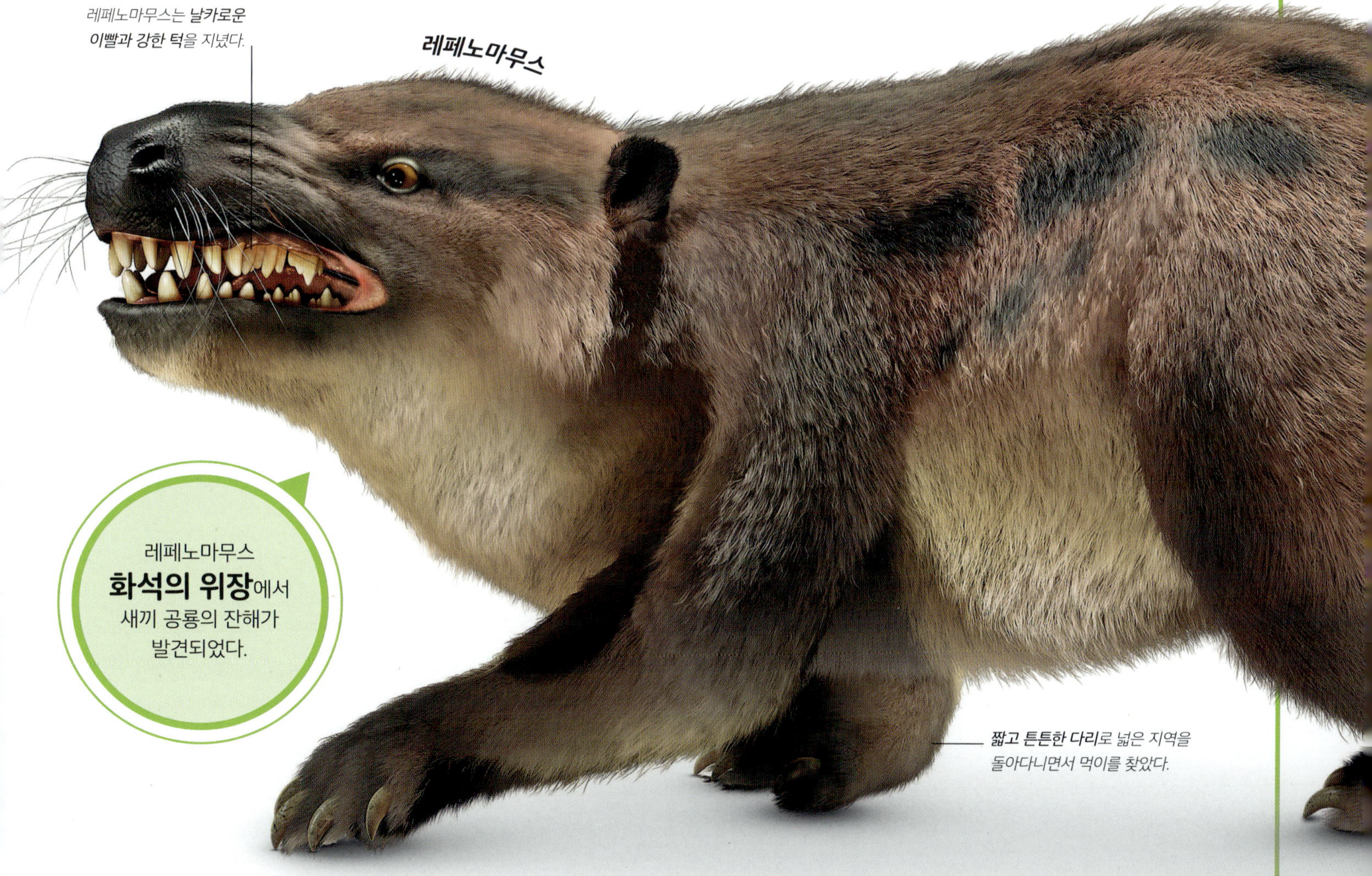

거대한 나무늘보와 아르마딜로

이 무거운 땅늘보의 화석은 북아메리카와 중앙아메리카에서 발견되고 있다.

메갈로닉스는 **주둥이**가 뭉툭했다.

메갈로닉스

글립토돈의 **등딱지**는 초기 인류가 **은신처**로 삼을 만큼 컸다.

현생 아르마딜로와 달리, 글립토돈의 등딱지는 딱딱한 돔 모양이고 유연한 부위가 전혀 없었다.

뼈 갑옷을 두른 꼬리는 무기로 썼을 수도 있다. 아마 같은 종류의 경쟁자들과 싸울 때 썼을 것이다.

긴 **발톱**은 두께가 약 4cm였고, 먹이가 되는 식물을 모으는 데 쓰였을 것이다.

글립토돈

억센 발톱은 곤충을 파내는 데 썼을 수도 있지만, 글립토돈은 주로 식물을 먹고 살았다.

뼈로 이루어진 **무시무시한 가시**로 공격자나 경쟁자에게 중상을 입혔을 수도 있다.

도이디쿠루스

거대한 공룡이 아직 번성하며 살고 있던 시대에, 포유류는 야생에서 미미한 존재일 뿐이었다. 그러나 살아남아서 새로운 시대로 들어선 포유동물들은 커다란 동물이 거의 다 사라지고 없는 세계를 독차지했다. 포유류는 시간이 흐르면서 예전에 공룡들이 차지했던 역할들도 맡기 시작했다. 가장 원시적인 포유류 중 일부는 아주 거대해졌다. 빈치류가 그때 몸집을 키운 포유동물이었다. 개미핥기, 나무늘보, 아르마딜로와 그 친척들이다. 현생 빈치류와 마찬가지로 신생대의 빈치류는 남아메리카에 살았다. 아메리카 대륙이 연결되었을 때 일부는

메가테리움은 긴 앞발로 잎이 달린 나뭇가지를 잡아당겨서 입으로 가져왔을 것이다.

탈라소크누스는 얕은 바다에서 헤엄치는 데 적응해 있었다. 아마 바닷말을 먹었을 것이다.

탈라소크누스

메가테리움

불룩한 **몸통**에는 많은 양의 식물을 소화하는 커다란 소화계가 들어 있었다.

뒷다리로 서서 나뭇가지를 잡아당겼다

먹을 때 커다란 **발과 다리뼈**로 무거운 몸무게를 받쳤다.

북아메리카로 퍼지기도 했다. 이들은 6600만 년 전부터 마지막 빙하기가 끝날 때까지, 몇몇 놀라운 동물들을 탄생시켰다. 아르마딜로처럼 생긴 거대한 초식 동물인 **글립토돈**과 무거운 갑옷으로 무장한 **도이디쿠루스**를 비롯하여 뼈로 된 갑옷으로 포식자들로부터 몸을 보호하는 동물들이다. 그들 중 가장 큰 것은 나뭇잎을 먹는 거대한 땅늘보인 **메가테리움**으로서, 크기가 인도코끼리만 했다. 메가테리움은 뒷다리로 일어서서 앞발의 긴 발톱과 움직이는 입술로 높이 달린 나뭇잎을 뜯어 먹을 수 있었다.

몸을 감싸는 법

천산갑과 그 멸종한 조상들의 **비늘**은 케라틴으로 이루어져 있다. 우리 머리털과 같은 물질이다.

곤충을 먹는 포유류이며, 포식자를 막아 주는 뻣뻣하고 날카로운 가시로 덮여 있었다.

현생 천산갑 비늘

폴리도케루스

도이디쿠루스의 가시 달린 꼬리

독일 메셀 광산의 4700만 년 된 암석에서 발견된 **마크로크라니온** 화석에는 마크로크라니온에게 털이 있었다는 증거가 담겨 있다.

현생 아르마딜로의 친척인 도이디쿠루스는 갑옷으로 몸을 감쌌을 뿐 아니라, 방어용 곤봉 꼬리도 지녔다.

바늘두더지 가시

가시는 털이 변형된 것으로서, 속은 푹신푹신하고 끝이 아주 날카롭다.

마크로크라니온 화석

포유동물이 먹이로부터 얻는 에너지 중 많은 부분이 체온을 일정하게 유지하는 데 쓰는 열로 바뀐다. 피부를 통해 밖으로 빠져나가는 열이 적을수록 유리하므로, 대다수의 포유동물은 몸이 단열재 역할을 하는 털로 뒤덮여 있다. 곤충인 뒤영벌처럼 다른 계통에 속하는 일부 동물도 털로 덮여 있지만, 털의 구조가 포유류와는 다르다. 포유류만이 진정한 털을 지니며, 그 털은 2억 5000만여 년 전에 살았던 초기 조상에게서 진화했을 것이다. 털의 가장 오래된 물리적 증거는 1억 2500만 년 전의 **에오마이아** 화석이다. 에오마이아의 뼈 주위로 털의 흔적이 남아 있다.

밀로돈 털가죽

팔레오키롭테릭스

4700만 년 전의 팔레오키롭테릭스 같은 박쥐류는 늘어난 피부로 이루어진 얇은 날개로 날았다.

글립토돈의 질긴 갑옷은 골편이라는 뼈판 수백 개로 이루어져 있었다.

갑옷 화석 조각

글립토돈

땅늘보인 밀로돈의 **털가죽**은 보존이 아주 잘 되어 있어서, 이 동물이 멸종하지 않았다고 착각하기도 했다.

에오마이아 화석은 **털의 흔적**이 발견된 화석 중 가장 오래된 축에 든다.

에오마이아

글립토돈은 크기가 **소형차**만 하고, 형태는 폭스바겐 비틀과 비슷했다.

글립토돈은 튼튼한 **발톱**으로 나무를 오르고 땅을 팠다.

화석이 아닌 실제 털은 남아메리카의 춥고 건조한 동굴에서 1만 2,000년 넘게 보존된 **밀로돈**의 가죽 조각에서 발견되었다. 털은 4700만 년 전에 살았던 고슴도치처럼 생긴 **폴리도케르쿠스**나 오늘날의 바늘두더지(가시두더지)에게서 볼 수 있듯이 방어를 위한 날카로운 가시로 변형될 수도 있다. **글립토돈**과 **도이디쿠루스** 같은 아르마딜로처럼 생긴 동물들의 갑옷이 보존된 화석도 있으며, 현생 천산갑처럼 단단한 비늘이 조금씩 겹쳐지는 형태로 몸을 덮었음을 보여 주는 멸종한 포유동물의 화석도 남아 있다.

거대 유대류

팔로르케스테스 — 말만 한 이 초식 동물은 작은 코끼리코처럼 생긴 코로 덤불과 낮은 나무에서 잎을 뜯어 먹었다.

틸라콜레오 — 무는 힘이 아주 셌던 틸라콜레오는 몸집이 암사자만 하며 빙하기 오스트레일리아에서 가장 큰 포식자였다.

틸라코스밀루스 — 남아메리카의 이 사냥꾼은 커다란 칼이빨을 아래턱에서 뻗어 나온 뼈판으로 보호했다.

사르코필루스 — 현생 태즈메이니아데빌의 친척이며, 강한 턱을 지닌 사나운 사냥꾼이자 청소동물이었다.

틸라키누스

많은 초기 포유류는 유대류였다. 즉 덜 자란 새끼를 낳아서 어미의 몸에 있는 육아낭이라는 주머니에 넣어 키우는 포유동물이었다. 유대류는 남아메리카와 오스트레일리아 대륙에서 번성했다. 두 대륙은 약 1억 년 전에는 같은 대륙의 일부였다.

무시무시한 칼이빨을 지닌 **틸라코스밀루스**와 하이에나처럼 생긴 **보리아이나** 같은 동물들은 남아메리카에서 태반류(잘 발달한 새끼를 낳는 포유류)와 오랫동안 함께 살았다. 그러나 오스트레일리아에는 태반류가 없었고, 유대류가 진화하여 그 자리를 차지했다.

가장 큰 유대류

거대한 웜뱃이었던 디프로토돈은 역사상 가장 큰 유대류로 알려져 있다. 몸길이가 3.8m까지 자랐고, 키는 거의 1.7m에 달했다. 디프로토돈은 큼직한 앞니로 덤불과 나무에서 잎을 뜯어서 커다란 어금니로 짓이겨 먹었다.

프로콥토돈은 키가 약 3m여서 캥거루 중에서 가장 큰 종이었으며, 약 5만 년 전까지 살았다.

디프로토돈

프로콥토돈

이 거대한 유대류는 현생 웜뱃과 코알라의 친척이며, 그들처럼 식물을 먹었다.

줄무늬는 숲속에서 들키지 않고 먹잇감에게 다가가는 위장술로 쓰였을지 모른다.

머리뼈와 턱이 늑대의 것과 아주 비슷했다.

현생 캥거루처럼 어미는 새끼가 독립할 수 있을 때까지 주머니에 넣어 키웠다.

몸집이 컸던 보리아이나는 약 1600만 년 전 아르헨티나에 살았다.

보리아이나

마지막 틸라키누스는 오스트레일리아 태즈메이니아에 있는 호바트 동물원에서 **1936년**에 죽었다.

거대 유대류

코알라의 조상으로 여겨지며, 맥처럼 생긴 초식성 **팔로르케스테스**, 유대류판 사자인 육식성 **틸라콜레오** 같은 동물들이었다. 빙하기 동안에 이 동물들 중 일부는 거대해졌다. 거대한 캥거루인 **프로콥토돈**과 하마만큼 커다란 웜뱃인 **디프로토돈** 같은 동물들이었다. 이들 빙하기 유대류의 대부분은 약 3만 년 전에 멸종했다. 기후 변화로 더 건조해진 환경에 적응하지 못해서 그랬을 것이다. 그러나 태즈메이니아늑대라고도 알려진 **틸라키누스**는 20세기 초까지 살아 있었다.

거대 초식 동물

코뿔소만 한 우인타테리움의 **머리뼈**에는 피부로 덮인 **뿔** 세 쌍과 엄니 한 쌍이 나 있었다.

우인타테리움

칼리코테리움

메가케롭스

메가케롭스는 주둥이에 뼈로 된 **코뿔**이 한 쌍 나 있었다.

거대한 목 근육으로 무거운 머리를 지탱했다.

칼리코테리움은 갈고리처럼 생긴 커다란 **발톱**을 지녔다.

뒷다리가 앞다리보다 훨씬 짧았다.

바릴람다

북아메리카에 살았던 이 동물의 다리 끝에는 **뭉툭한 발굽 같은 발톱**이 달려 있었다.

약 6600만 년 전 지구에서 거대한 공룡이 사라졌을 때, 당시 포유동물은 대부분 크기가 아주 작은 상태였다. 그러나 점차 시간이 흐르면서, 새로운 형태의 포유류가 진화하여 지구에서 사라져 버린 거대한 초식 동물의 빈자리를 채웠다. 6000만 년 전부터 세계의 숲과 평원에서 다양한 종류의 놀라운 초식 동물들이 불어나기 시작했다는 사실을 보여 주는 화석들이 발견되었다. 이윽고 초기 코끼리라고 할 만한 **곰포테리움**과 앞발의 발톱이 아주 길어서 발바닥이 아닌 발등을 대고 걸을 수밖에 없어서 모습이 별났던 **칼리코테리움**도 등장했다. 이렇게 몸집이

모에리테리움

입술과 코가 커져서 짧은 코끼리코처럼 되어 있었다.

곰포테리움

긴 아래턱에서 뻗어 나온 한 쌍의 엄니는 나무껍질을 찢고 잎을 훑는 데 쓰였다.

파라케라테리움은 **지금까지** 살았던 육상 포유류 중 **가장 컸다.**

팔라이오마스토돈

3500만 년 전에 살았던 **코끼리의 조상**으로 짧은 엄니가 두 쌍 나 있었다.

파라케라테리움

굵은 기둥 같은 다리로 엄청난 몸무게를 지탱했다.

커진 초식성 포유류 중 가장 큰 종류는 '거대 초식 동물'이라고 불린다. 예를 들어 **파라케라테리움**은 키가 5.5m나 되었고 기린처럼 나무 꼭대기에 있는 잎을 뜯어 먹을 수 있었다. 몸집이 아주 컸음에도, 거대 초식 동물들은 검치류 같은 사나운 사냥꾼들의 먹이가 되었다. 거대 초식 동물들은 가장 마지막 빙하기가 끝나던 약 1만 1,500년 전까지 번성했고, 오늘날에는 대부분 사라졌다. 그러나 코끼리, 코뿔소, 하마, 기린 같은 몇몇 거대 초식 동물은 아직 세계의 몇몇 지역에 살고 있다.

뿔

코에 난 뼈 혹은 수컷이 더 컸고, 아마 경쟁자끼리 싸울 때 썼을 것이다.

메가케롭스

아르시노이테리움

거대한 한 쌍의 뿔은 머리뼈가 늘어난 것이다.

수컷의 뿔은 해마다 짝짓기가 끝난 뒤 이 부위에서 떨어져 나갔다. 뿔은 봄에 다시 자랐다.

메갈로케로스

거대한 뿔

길이 3m까지 자라는 거대한 뿔을 지닌 말코손바닥사슴 수컷은 오늘날 사슴류 중에서 가장 크다. 메갈로케로스는 몸집은 말코손바닥사슴과 비슷했지만, 뿔은 길이가 두 배, 무게는 40kg까지 나갈 만큼 컸다. 뿔은 5개월이면 완전히 자랐다. 동물의 기관 중에서 가장 빨리 자라는 부분이었다.

메갈로케로스

말코손바닥사슴

거대 공룡의 빈자리를 대신한 커다란 초식성 포유동물 중 상당수는 머리에 멋진 뿔 같은 구조물을 지니고 있었다. 예를 들면 펠로로비스의 길고 날카로운 뿔처럼, 굶주린 포식자로부터 스스로를 지키는 데 도움이 되었을 만한 뿔들이었다. 한편으로는 같은 종의 경쟁자와 싸우거나 단순히 과시하는 용도의 뿔도 있었다. 오늘날 많은 현생 포유동물에게서는 뿔이 클수록 높은 지위를 상징하는 것으로 받아들여지고, 번식에 쉽게 성공할 수 있다. 멸종한 포유동물들은 그렇지 않았다고 볼 이유는 전혀 없다. 가장 인상적인 머리 장식을 지닌 동물이 번식에 성공할

신테토케라스

영양처럼 생긴 이 동물은 눈 위쪽에 난 한 쌍의 뿔 외에, 코에도 Y자 모양의 뿔이 나 있었다.

엘라스모테리움의 **거대한 코뿔**은 사람의 손톱처럼 케라틴으로 되어 있었다.

엘라스모테리움

뼈로 된 뿔은 자랄 때는 벨벳 같은 피부로 덮여 있었다.

메갈로케로스라는 이름은 **'거대한 뿔'**을 뜻한다.

길이 1m까지 자라는 **뼈로 된 뿔**은 질긴 케라틴으로 덮여서 더 길게 뻗기도 했다.

지금까지 살았던 **야생 소 중 가장 큰** 편이었던 펠로로비스는 약 1만 2,000년 전까지 아프리카에 살았다.

펠로로비스

우인타테리움 수컷의 **머리뼈**에는 뼈로 된 커다란 혹이 세 쌍으로 나 있었다.

우인타테리움

가능성이 더 높았으므로, 시간이 흐르면서 동물의 뿔은 점점 커졌다. 이윽고 **아르시노이테리움**의 단단한 뼈로 된 뿔 한 쌍이나 **엘라스모테리움**의 거대한 뿔과 같이 어마어마한 구조물이 등장했다. 그중에서도 가장 큰 뿔을 가졌던 동물은 거대한 사슴인 **메갈로케로스**였다.

메갈로케로스의 뿔은 나뭇가지처럼 갈라진 가지뿔이었고, 해마다 떨어졌다가 새로 자라났다. 양옆으로 뻗은 뿔의 폭이 3.6m에 달하기도 했다. 수컷에게만 자라난 뿔은 암컷에게 과시하는 데 쓰였다. 또한 자기 영역을 침입한 경쟁자 수컷을 물리치는 데에도 쓰였을 것이다.

185

강력한 포식자

바르보우로펠리스

안드류사르쿠스

턱 앞쪽에 살을 꿰뚫는 이빨이, 뒤쪽에는 뼈를 부수는 이빨이 나 있었다.

아래턱에서 뻗어 나온 **커다란 뼈판**은 아주 긴 허약한 송곳니를 보호했다.

발에는 작고 뭉툭할 발굽이 달린 **발가락**이 4개 있었다.

아르크토두스

몸길이가 약 3.4m로서, 지금까지 살았던 곰 중에서 가장 컸다.

우르수스 스펠라이우스

동굴곰이라고도 하며, 빙하기의 인류와 같은 시기에 살았다. 아마 당시 인류에게 가장 위험한 포식자 중 하나였을 것이다.

멸종한 초식 공룡을 대체한 거대 초식 동물들은 강력한 무기를 갖춘 커다란 사냥꾼들의 먹이가 되었다. 다양한 사냥꾼들 중 가장 먼저 등장한 것은 **히아이노돈** 같은 개처럼 생긴 크레오돈트류(육치류)였다. 히아이노돈은 아마 당시에 가장 빠른 포식자였을 것이다. 그러나 세월이 흘러 1100만 년 전 무렵에는 진정한 포식자라고 할 수 있는 식육목에 속하는 동물들이 앞선 사냥꾼의 자리를 대신했다. 식육목은 오늘날의 육식 동물들 즉 고양이, 개, 곰, 하이에나를 포함한 집단이다. 이 사냥꾼들 중 가장 무시무시했던 **바르보우로펠리스**와 검치류(칼이빨호랑이)

커다란 개라고 할 수 있는 에피키온은 현생 **회색곰만큼 무거웠다.**

에피키온
몸길이가 약 1.5m였으며, 묵직한 힘센 포식자였다.

살을 쉽게 꿰뚫는 날카로운 이빨이 난 강한 턱으로 뼈까지 부수었다.

히아이노돈

스밀로돈

길고 가장자리가 톱니가 난 **칼이빨**을 깊이 박아서 먹이를 잡았다.

앞다리는 힘이 무척 셌으며, 커다란 동물을 땅에 짓누르는 데 썼다.

인 **스밀로돈**은 커다란 먹잇감을 꿰찌르는 칼 같은 긴 송곳니를 지녔다. 주둥이가 짧고 몸집이 거대한 곰인 **아르크토두스**와 뼈를 부술 만큼 힘이 센 개인 **에피키온** 같은 사냥꾼은 엄청난 힘을 발휘해서 먹이를 잡았을 것이다. 그러나 크레오돈트류와 식육목 동물만이 강력한 사냥꾼이었던 것은 아니다. 약 4000만 년 전에 살았던 **안드류사르쿠스**는 당시 육상 포유류 포식자 중 가장 큰 편이었다. 늑대와 닮고 발굽이 달린 이 동물과 가장 가까운 현생 동물은 멧돼지다.

포유류의 이빨

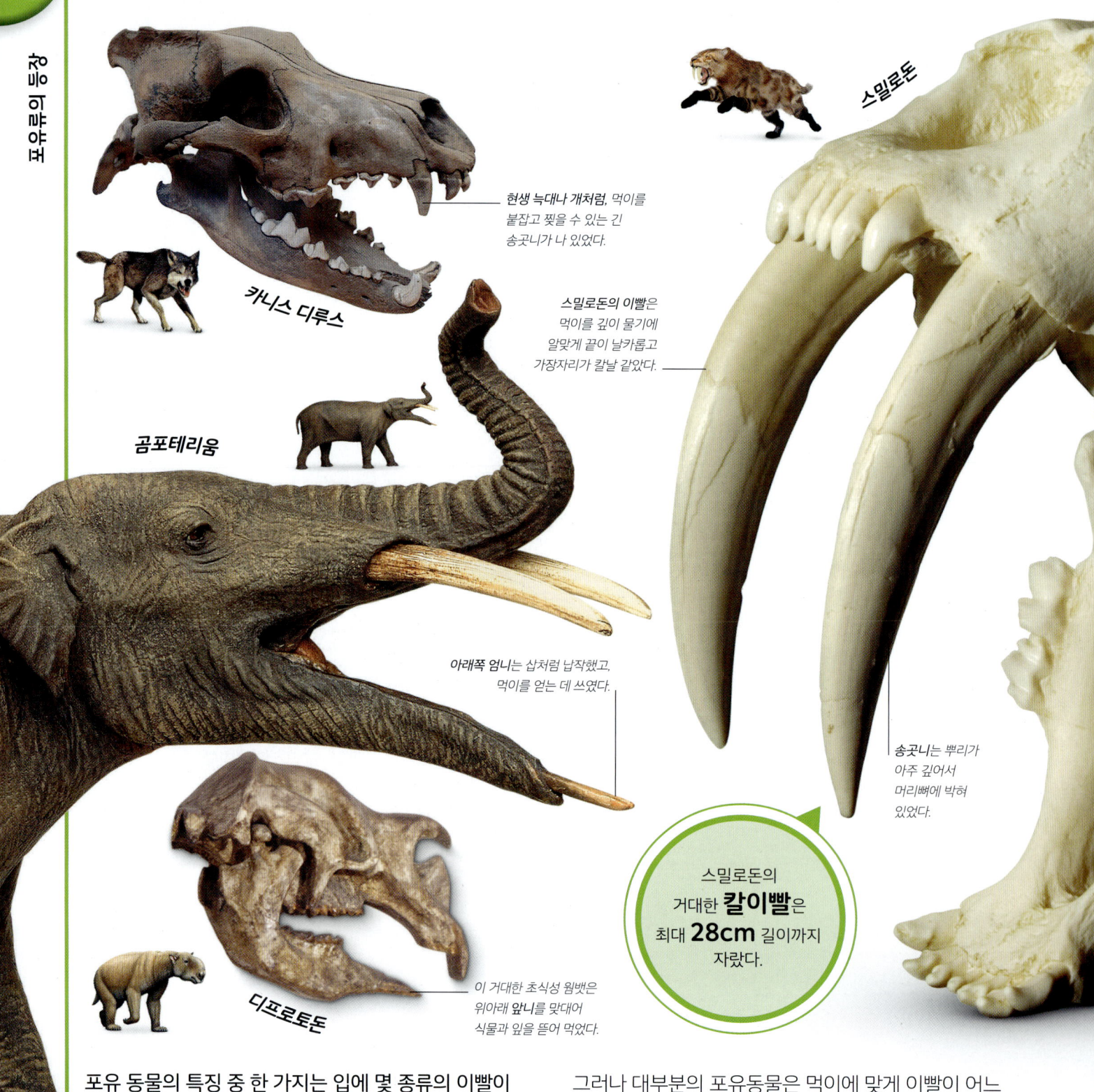

포유류의 등장

현생 늑대나 개처럼, 먹이를 붙잡고 찢을 수 있는 긴 송곳니가 나 있었다.

카니스 디루스

스밀로돈의 이빨은 먹이를 깊이 물기에 알맞게 끝이 날카롭고 가장자리가 칼날 같았다.

스밀로돈

곰포테리움

아래쪽 엄니는 삽처럼 납작했고, 먹이를 얻는 데 쓰였다.

송곳니는 뿌리가 아주 깊어서 머리뼈에 박혀 있었다.

디프로토돈

이 거대한 초식성 웜뱃은 위아래 앞니를 맞대어 식물과 잎을 뜯어 먹었다.

스밀로돈의 거대한 **칼이빨**은 최대 **28cm** 길이까지 자랐다.

포유 동물의 특징 중 한 가지는 입에 몇 종류의 이빨이 있다는 것이다. 기본적으로 이빨은 앞쪽에 끊어 내는 앞니가 몇 개 있고, 물고 찢는 데 알맞은 뾰족한 송곳니 4개와 씹는 용도로 위가 납작한 어금니가 양쪽에 차례로 늘어서 있다. 사람의 이도 마찬가지다.

그러나 대부분의 포유동물은 먹이에 맞게 이빨이 어느 정도 변형되어 있다. 다이어늑대인 **카니스 디루스**는 먹이를 물어서 잡는 데 적합한 더 긴 송곳니를 지녔고, 어금니 중 일부는 고기를 자르는 데 알맞게 변했다. **스밀로돈** 같은 검치류 또는 칼이빨호랑이류는 송곳니가

엄니는 아마 현생 코끼리의 엄니처럼, 과시하거나 먹이를 얻는 데 쓰였을 것이다.

털매머드

어금니

윗면이 납작하고 커다란 어금니는 섬유질이 많은 식물을 짓이겨서 펄프로 만들 수 있었다.

털코뿔소

어금니는 가윗날처럼 살을 가르는 역할을 했다.

코엘로돈타 같은 털코뿔소의 어금니는 말의 이빨과 비슷했다. 식물을 씹기 알맞게 잇몸 밖으로 드러난 치아머리가 높았다.

쩍! 벌어지는 입

검치류는 커다란 먹잇감을 공격할 때면 입이 놀라울 만큼 크게 쩍 벌어졌다. 현생 사자의 아래턱은 70도까지 벌어지는 데 비해, 스밀로돈의 턱은 120도까지 벌어졌다. 그래서 검치류는 긴 칼이빨을 단검처럼 먹잇감의 목에 찔러 넣어 한입에 물 수 있었다.

특히 컸고, 어금니가 고기를 자르는 데 알맞게 변했으며, 씹는 용도에 맞는 이빨은 아예 없었다. 초식성 털코뿔소인 **코엘로돈타**는 송곳니가 없었으나, 질긴 식물을 잘게 짓이기는 데 알맞은 커다란 어금니를 지녔다. 매머드는 씹는 이빨이 컸고, 앞니는 엄니가 되었다. **디프로토돈** 같은 유대류는 아래턱에서 앞니 두 개가 아주 길게 자라나서 마찬가지로 앞으로 뻗은 위쪽 앞니와 만났다. 이런 다양한 적응 형질은 육식성 늑대와 사자에서 초식성 코끼리와 캥거루에 이르는 현생 포유동물에게로 이어진다.

칼이빨호랑이의 추격
약 200년 전, 유럽에서 군인들이 말 등에 올라탄 채 사브르라는 가늘고 휘어진 칼을 휘두르면서 적을 뒤쫓았다. 그보다 2만 년 전, 스밀로돈이라는 대형 고양이가 사브르의 칼날처럼 생긴 길고 가늘고 날카로운 거대한 송곳니로 먹잇감을 공격했다. 스밀로돈은 그 칼이빨로 만만치 않은 동물도 쓰러뜨려 사냥했다.

스밀로돈 같은 칼이빨호랑이류는 거대 초식 동물이라는 몸집이 큰 초식성 포유동물이 번성한 시대에 살았다. 거대 초식 동물에는 지금은 멸종한 동물뿐 아니라 코끼리, 코뿔소, 들소의 조상들도 포함된다. 대형 포식자에게는 유혹적인 먹잇감이었지만, 이 동물들은 몸집이 크고 힘도 셌기에 잡기가 어려웠다. 그러나 스밀로돈은 이런 큰 동물을 잡는 일에 알맞았다. 아주 힘센 어깨와 앞다리, 무시무시한 이빨을 갖췄기 때문이다. 스밀로돈은 숨어서 기다렸다가 갑자기 뛰쳐나와 먹이를 덮치고 발톱으로 땅에 쓰러뜨렸다. 그런 다음 긴 칼이빨을 목에 깊숙이 박아서 수술하듯 정확하게 큰 핏줄을 갈랐을 것이다. 먹잇감에게는 다행스럽게도 이 모든 일은 순식간에 끝날 수 있었다.

빙하기의 거인

카스토로이데스

몸길이가 최대 2.1m에 달하는 이 거대한 비버는 곰만 했다.

카스토로이데스는 현생 비버처럼 헤엄치기에 알맞은 **납작한 꼬리**를 지녔다.

시베리아의 얼어붙은 땅에서는 **온전한 형태**로 묻힌 매머드가 **발견**되곤 한다.

높은 돔 모양의 머리뼈는 아시아코끼리의 머리뼈와 구조가 비슷했다.

매머드 수컷

매머드 수컷의 엄니는 길이가 4.2m까지 자랄 수 있었다. 양 엄니 끝이 안쪽으로 말리면서 거의 서로 맞닿을 정도였다.

코엘로돈타는 크기가 현생 코뿔소만 했고, 뿔이 두 개 달렸는데 그중 **긴 뿔**은 최대 60cm 길이였다.

코엘로돈타

어린 매머드 암컷

어린 매머드도 엄니가 있었다. 엄니는 앞니가 변형된 것이다. 1년에 최대 15cm씩 자랐다.

약 260만 년 전, 지구에는 기온이 내려가면서 빙하기가 일정한 간격을 두고 **잇달아 찾아왔다.** 이 추운 시기에 북극에서 내려온 빙하가 북아메리카와 유라시아 북부의 드넓은 지역을 뒤덮었다. 빙원 너머도 오늘날 알래스카와 시베리아 지역에서 볼 수 있는 것과 같이 나무가 없고 눈으로 덮인 툰드라 다름없는 풍경이었다. 북반구 대륙과 달리 남반구 대륙들은 영향을 덜 받았다. 남극에서 좀 더 멀리 떨어져 있었기 때문이다. 빙하기를 지내는 동안, 많은 초식성 포유동물은 추위를 견디기 위해 몸집이 커지는 쪽으로 진화했다. **털매머드**와 **털코뿔소**인

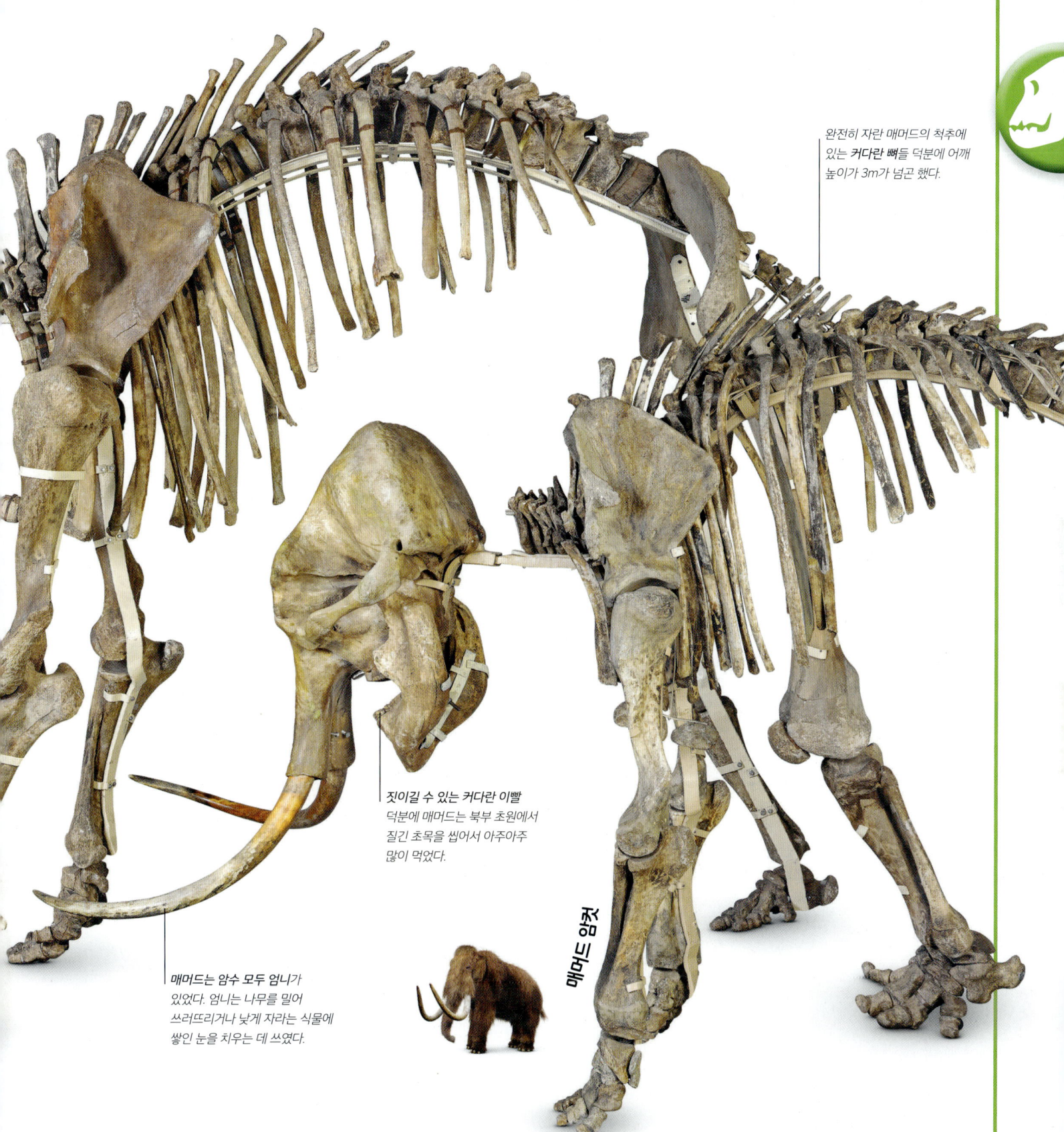

완전히 자란 매머드의 척추에 있는 **커다란 뼈들** 덕분에 어깨 높이가 3m가 넘곤 했다.

짓이길 수 있는 커다란 이빨
덕분에 매머드는 북부 초원에서 질긴 초목을 씹어서 아주아주 많이 먹었다.

매머드는 암수 모두 엄니가 있었다. 엄니는 나무를 밀어 쓰러뜨리거나 낮게 자라는 식물에 쌓인 눈을 치우는 데 쓰였다.

매머드 암컷

코엘로돈타는 추위를 막고 체온을 지키기 위해 두꺼운 털로 몸을 덮었다. 또 몸의 부피가 커서 몸집이 더 작은 포유동물보다 체온을 덜 잃을 수 있었다. 털매머드와 코엘로돈타는 북반구 북쪽의 툰드라와 초원에서 살았지만, 몇몇 매머드를 비롯하여 기후가 덜 혹독한 남쪽에서 살았던 종류도 있었고, 따뜻한 시기에는 북쪽으로 올라갔다가 추워지면 남쪽으로 내려오는 동물도 있었다. 지금 우리는 마지막 빙하기가 끝나고 지난 1만 2,000년 동안 따뜻한 상태로 이어진 간빙기를 살고 있다.

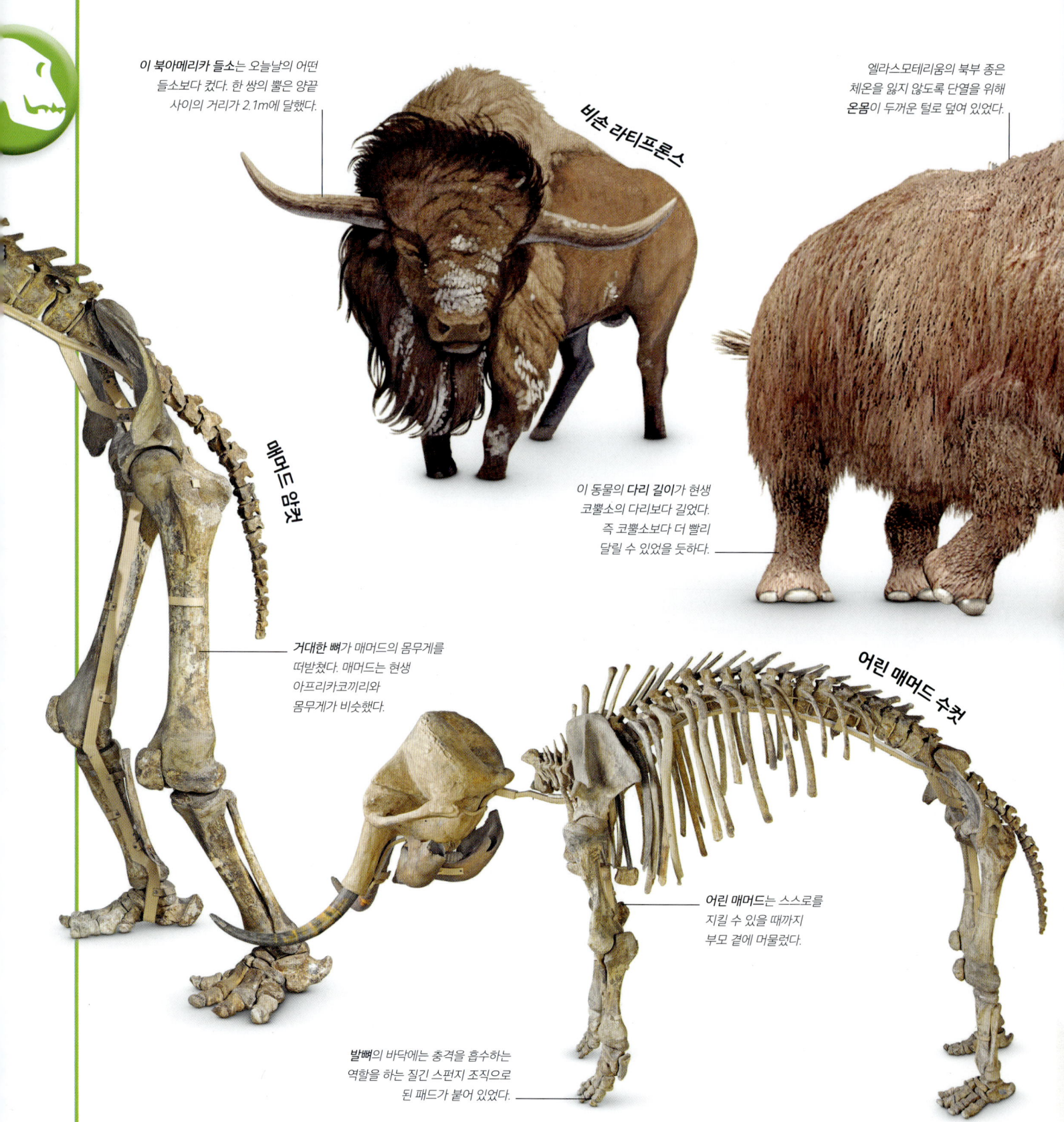

이 북아메리카 들소는 오늘날의 어떤 들소보다 컸다. 한 쌍의 뿔은 양끝 사이의 거리가 2.1m에 달했다.

비손 라티프론스

엘라스모테리움의 북부 종은 체온을 잃지 않도록 단열을 위해 온몸이 두꺼운 털로 덮여 있었다.

매머드 암컷

이 동물의 다리 길이가 현생 코뿔소의 다리보다 길었다. 즉 코뿔소보다 더 빨리 달릴 수 있었을 듯하다.

거대한 뼈가 매머드의 몸무게를 떠받쳤다. 매머드는 현생 아프리카코끼리와 몸무게가 비슷했다.

어린 매머드 수컷

어린 매머드는 스스로를 지킬 수 있을 때까지 부모 곁에 머물렀다.

발뼈의 바닥에는 충격을 흡수하는 역할을 하는 질긴 스펀지 조직으로 된 패드가 붙어 있었다.

데이노테리움은 빙하기에 살았던 가장 큰 동물 중 하나였다. 현생 코끼리의 친척인 데이노테리움은 아래턱에 아래로 굽은 엄니가 나 있었다. 약 1000만 년 전에 출현했다가 빙하기를 지나는 사이에 멸종했다. 코뿔소의 일종으로서 유럽과 아시아 북부의 추운 지역에서

털매머드와 함께 살았던 **엘라스모테리움**도 몸집이 엄청나게 컸다. 더 남쪽에 펼쳐진 드넓은 초원에는 가축 소의 조상인 오록스(학명: 보스 프리미게니우스) 같은 야생 소와 들소가 살았다. 유라시아 대륙의 성긴 숲에는 거대한 사슴인 **메갈로케로스**도 살았다. 메갈로케로스 수컷은

화석으로 남은 뿔은 없지만, 빙하기에 그려진 동굴 벽화는 엘라스모테리움의 뿔이 아주 컸음을 나타낸다.

엘라스모테리움

데이노테리움의 이름은 고대 그리스어로 **'무시무시한 짐승'** 이라는 뜻이다.

데이노테리움

엘라스모테리움은 많이 씹어야 하는 섬유질이 많아서 질긴 풀을 먹는 데 이상적인 형태인 윗면이 **납작하고 커다란 이빨**을 지녔다.

현생 코끼리의 엄니와 달리, 이 엄니는 아래턱에서 자랐다. 데이노테리움은 엄니로 땅을 파거나 나뭇가지를 끌어 내렸을 수 있다.

거대한 가지뿔은 양쪽 끝 사이의 거리가 약 3.5m였다.

메갈로케로스가 섰을 때 **어깨 높이**는 약 2.1m였다.

메갈로케로스

타르 구덩이 속 화석

미국 로스앤젤레스 인근의 타르 구덩이들에서 빙하기 매머드 화석이 많이 발견되었다. 매머드가 발을 잘못 디뎌서 끈적거리는 타르에 갇히면, 검치류와 빙하기 늑대 같은 포식자가 잡아먹으려고 달려들었다. 그러면 그 포식자도 함께 타르에 갇혔다. 사진은 타르에 검게 변한 스밀로돈 머리뼈의 일부다.

지금까지 알려진 지구 동물 중에서 가장 큰 뿔을 지니고 있었다. 뿔은 암컷에게 과시하거나 경쟁자와 맞붙는 데 쓰였다. 이 동물들이 살던 시대는 인류의 역사에서 석기 시대 초기였고, 아마 인류는 식량으로 삼기 위해 거대한 동물들을 사냥했을 것이다. 약 1만 2,000년 전, 마지막 빙하기가 끝나던 시기에 많은 동물들이 사라졌다. 당시 동물 중 상당수가 멸종한 이유는 인간 사냥꾼 탓도 있고, 기후 변화로 많은 서식지가 사라진 탓도 있다.

영장류

포유류의 등장

플레시아다피스의 긴 주둥이에는 현생 다람쥐의 앞니와 비슷하게 생겼으며 식물을 먹는 데 알맞은 앞니와 먹이를 짓이길 수 있는 어금니가 있었다.

플레시아다피스

어린이 손만 할 정도로 아주 작았던 영장류이며, 약 4000만 년 전 중국의 숲에 살았다.

에오시미아스

4700만 년 된 다르위니우스 **화석**의 위장에는 **마지막 식사**가 고스란히 남아 있다.

에오시미아스는 **움켜쥐는 손**으로 나무를 타면서 곤충, 열매, 꽃꿀을 찾아 먹었다.

굽은 발톱은 나무타기에 좋게 끝이 날카로웠다.

다르위니우스

손에 다른 손가락들과 마주 보는 **엄지손가락**이 있어서 나뭇가지와 먹이를 잘 움켜쥘 수 있었다.

드리오피테쿠스

초기 유인원이며, 나무 위 생활에 잘 적응해 있었다. 긴 팔을 뻗어서 나뭇가지 사이를 돌아다녔다.

플레시아다피스 같은 최초의 영장류는 약 5600만 년 전에 출현했다. 초기 영장류는 곧 **다르위니우스** 같은 여우원숭이류와 **에오시미아스** 같은 초기 원숭이류로 분화했다. 지금까지 알려진 유인원 중 가장 오래된 종류는 이미 약 2500만 년 전에 살았다. 초기 유인원들의 후손은 **드리오피테쿠스**처럼 주로 나무 위에서 살았고, 땅에 내려올 때는 손과 발을 다 써서 걸었다. 그러나 보다 나중에 출현한 몇몇 유인원은 뒷다리만으로 곧추서서 땅 위를 걷는 생활에 적응했다. 우리의 조상도 그중 하나였다.

초기 인류

이 북아프리카 조상은 **머리뼈만 발견되었기에**, 곧추서서 걸었는지가 아직 불분명하다.

사헬란트로푸스

400만~200만 년 전에 살던 오스트랄로피테쿠스는 곧추서서 걸었고 열매, 뿌리, 고기를 먹은 잡식성이었다.

오스트랄로피테쿠스

현생 인류와 아주 비슷했던 네안데르탈인은 빙하기 유럽과 아시아의 추운 기후에 적응한 억센 인류였다.

호모 하빌리스

호모 네안데르탈렌시스

호모 하빌리스는 우리 인류가 속한 사람속(호모)의 최초 구성원이었다. 이름은 '**손재주가 있는 사람**'이라는 뜻으로 붙여졌다. 손으로 석기를 만들었다.

🔍 뇌가 점점 더 커지다

인류와 다른 영장류의 주된 차이는 지능이다. 우리 조상이 곧추서서 걷기 시작한 지 얼마 뒤에 뇌가 점점 커지기 시작했다. 뇌가 커지며 턱은 점점 작아졌다. 아주 초기에 등장한 호모 에르가스테르의 평균 뇌 크기는 850㎤였다. 호모 하이델베르겐시스의 뇌는 1,225㎤로 늘었고, 호모 사피엔스의 뇌는 1,350㎤가 되었다.

180만~60만 년 전	60만~25만 년 전	30만 년 전~현재
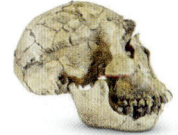		
호모 에르가스테르	호모 하이델베르겐시스	호모 사피엔스

인류의 최초 조상은 초기 유인원인 드리오피테쿠스와 아주 비슷했다. 서서 걸은 최초의 유인원이었을 **사헬란트로푸스**는 약 700만 년 전 아프리카에 살았고, 뇌 크기는 다른 유인원과 차이가 없었다. 약 360만 년 전, **오스트랄로피테쿠스**는 똑바로 서서 상체를 곧게 세우고 걸었다. 동아프리카에서 우리 발자국과 비슷한 오스트랄로피테쿠스의 발자국 화석이 발견되었다. 시간이 흐르자 오스트랄로피테쿠스 종이 늘었고, 그 뒤 몇몇 사람속의 종이 출현했다. 최초의 현생 인류인 '호모 사피엔스'는 약 30만 년 전 아프리카에서 진화했다.

과거를 들여다보는 창

1940년 9월, 십대 소년 네 명이 프랑스 남부 라스코에 있는 미지의 동굴로 기어 올라갔다. 소년들은 동굴에서 선사 시대의 경이를 발견했다. 적어도 1만 7,000년 전에 당시 동물의 생태를 기록한 벽화를 찾아낸 것이다. 동굴 벽에는 야생의 말, 사슴, 오록스라고 알려진 선사 시대의 소가 뛰어다니는 모습을 묘사한 그림이 900점 넘게 있었다.

마지막 빙하기 때 북유럽의 드넓은 지역은 눈 덮인 툰드라였지만, 프랑스 남부에는 숲과 초원이 드문드문 펼쳐져 있었다. 풀이 있는 곳에는 야생 동물이 많이 살았다. 우리와 똑같지만 빙하기에 살아남을 수 있는 생존 기술을 지녔던 사람들이 그 동물들을 사냥했다. 동굴 벽화는 당시 사람들이 생존 능력 외에도 다른 능력들을 지니고 있었음을 보여 준다. 동굴 벽화는 살아 있는 동물을 자세히 지켜보았다가 그 기억을 동굴 깊숙한 곳으로 갖고 들어온 사람들이 그렸을 것이다. 그들은 호기심, 상상력, 문화, 창의성을 지닌 사람들이었다. 다시 말해, 그 동굴 벽화 화가들은 자신들이 현생 인류를 정의하는 특징을 지녔음을 보여 준 것이다. 그 특징은 바로 문명이다.

용어 설명

각룡류(뿔룡류): 긴 부리에 머리뼈 뒤쪽으로 뼈로 된 주름장식이 달린 초식성 공룡. 트리케라톱스처럼 얼굴에 뿔이 난 종류가 많다.

각린: 포식자로부터 몸을 보호하기 위해 일부 파충류의 피부를 덮고 있는 뼈판.

개체: 생명을 가지고 살아가는 하나의 독립된 생물체. 예를 들어, 티라노사우루스 한 마리는 하나의 개체이다.

겉뼈대(외골격): 몸 바깥을 감싸는 뼈대. 게 같은 동물은 겉뼈대를 지닌다. 반면에 사람은 속뼈대가 있다.

겹눈: 많은 작은 눈이 모여서 이루어진 눈. 곤충은 겹눈을 지닌다.

경골어류: 뼈대가 굳뼈로 된 어류. 경골어류는 굳뼈를 지닌 동물, 즉 척추동물 중에서 가장 큰 집단에 속한다. 다랑어, 청어, 연어 같이 친숙한 물고기뿐 아니라, 사지류의 조상도 포함된다.

고생물학자: 동식물의 화석을 연구하는 과학자.

고세균: 세균과 비슷해 보이지만 거리가 아주 먼 미생물 집단. 아주 뜨거운 물이나 아주 짠물 같은 극한 환경에서 사는 종류도 있다.

깃대: 깃털의 줄기로서, 속이 비어 있다.

깃털: 피부 조직이 변화한 것으로, 케라틴으로 만들어진다. 파충류의 비늘과 형태나 기능은 다르지만 원형은 같다. 조류의 특징으로 여겨진다.

ㄴ

날개폭: 양쪽 날개를 폈을 때 두 날개 끝 사이의 거리.

남세균(시아노박테리아): 햇빛을 써서 광합성을 통해 양분을 생산할 수 있는 세균 집단.

네 발 보행: 네 다리로 걷는 것. 포유류와 파충류는 대부분 네 발 보행이다.

디키노돈트류: 페름기 후기에서 트라이아스기에 번성한 초식성 파충류.

단공류: 오리너구리와 바늘두더지를 포함하여 알을 낳는 포유류. 알을 낳는 습성은 원시 포유류의 원래 번식 양식이었던 듯하다.

단궁류: 포유류형 파충류라고도 하는 주요 척추동물 집단. 사지류의 진화 초기에 갈라져서, 나중에 포유류를 낳았다.

대: 지질 시대를 구분하는 아주 긴 기간. 대는 기로 나뉜다. 예를 들어, 중생대는 트라이아스기, 쥐라기, 백악기로 나뉜다.

더듬이: 곤충 같은 동물의 머리에 붙어 있는 움직일 수 있는 감각 기관.

두 발 보행: 네 발이 아니라 두 발로 걷는 것. 사람과 조류가 해당되며, 많은 공룡도 두 발로 걸었다.

드로마이오사우루스류: 새처럼 생긴 두 발로 걷는 육식 공룡 집단. 모든 대륙에서 화석이 발견된다.

디키노돈트류: 페름기 후기에서 트라이아스기에 번성한 초식성 파충류. 세계 곳곳에서 화석이 발견된다.

ㅁ

매머드: 플라이오세와 플라이스토세에 살던 엄니가 긴 코끼리 종류. 마지막 빙하기 때, 일부 매머드는 체온을 유지하기 위해 긴 털로 뒤덮였다.

먹이: 다른 동물에게 잡아먹히는 동물.

멸종: 동물이나 식물의 종이 죽어 사라지는 것. 멸종은 종끼리의 경쟁, 환경 변화, 자연재해 등으로 자연히 일어날 수 있다.

*경골어류*인 클라도셀라케는 연골로 된 뼈대를 가졌다.

*안킬로사우루스류*인 사우로펠타는 어깨에 난 가시로 포식자를 물리쳤을 것이다.

모사사우루스류: 백악기에 살던 거대한 해양 파충류. 긴 주둥이에 날렵한 몸, 지느러미발을 지닌 사나운 포식자였다.

무악어류: 고생대 전기에 번성했던 원시적인 어류 집단. 멸종한 집단뿐 아니라 현생 먹장어류와 칠성장어류도 포함된다.

무척추동물: 등뼈가 없는 동물.

미생물: 현미경으로 봐야 보이는 아주 작은 생물들.

ㅂ

배아: 알이나 씨로부터 발달하는 초기 단계에 있는 동물, 식물, 다른 생물.

번식: 생물이 자손을 늘려 개체 수를 불리는 것.

변온 동물: 체온이 바깥 온도에 따라 변하는 동물. 따뜻한 곳에서는 체온이 높고, 추운 곳에서는 체온이 낮아진다.

보행렬 화석: 공룡이 걸어간 발자국 화석.

빙하기: 지구 기온이 떨어져서 육지의 넓은 면적이 얼음(빙하)로 덮여 있던 시기.

ㅅ

사지류(네 발 동물): 팔, 다리, 날개 등의 밑단이 모두 4개인 척추동물. 모든 양서류, 파충류, 포유류, 조류는 사지류이다.

선사 시대: 인간이 역사를 기록하기 이전의 시대.

섬유: 가느다란 털 같은 구조.

성체: 다 자라서 생식을 할 수 있는 동물.

세균: 세포핵이 없는 미세한 단세포 생물. 세균은 지구에서 가장 수가 많은 생물이다.

수각류: 주로 포식자로 이루어진 규모가 큰 공룡 집단. 수각류는 대개 날카로운 이빨과 발톱을 지닌다. 닭만 한 공룡부터 거대한 티라노사우루스까지 다양했다.

스테고사우루스류: 목에서 등과 꼬리에 이르기까지 두 줄로 뼈판들이 죽 나 있는 네 발 초식 공룡.

스트로마톨라이트: 시아노박테리아가 광합성을 할 때 생기는 부산물이 쌓여 만들어지는 층 모양의 줄무늬가 있는 암석.

스피노사우루스류: 악어처럼 생긴 턱으로 물고기를 잡아먹은 커다란 수각류 공룡. 스피노사우루스의 이름을 땄다.

식육류: 고기를 먹는 포유류의 한 집단.

ㅇ

안킬로사우루스류: 목, 어깨, 등이 뼈판으로 덮인 갑옷을 입은 네 다리로 걸은 초식성 공룡 집단.

알로사우루스류: 쥐라기와 백악기에 살았던 수각류 집단.

암모나이트: 오징어의 친척인 연체동물로서 중생대 바다에 살았다. 둘둘 말린 껍데기는 여러 방으로 나뉘어 몸을 감쌌다.

양서류: 개구리처럼 생애의 일부를 물속에서 보내는 변온 동물. 어릴 때에는 아가미로 호흡을 하고, 성체 때에는 육지에 살면서 허파로 호흡을 한다.

어류: 척추동물 중 최초로 등장한 동물. 아가미를 사용해 물속에서 호흡하며, 알을 낳아서 번식한다.

영장류: 여우원숭이, 원숭이, 유인원, 인간이 포함된 포유류 집단.

오르니토미모사우루스류: 타조처럼 생긴 공룡. 백악기에 육지에서 가장 빠른 공룡이었다.

시노르니토사우루스는 팔과 다리에 깃털이 난 새처럼 생긴 **드로마이오사우루스류**였다.

오비랍토사우루스류: 부리가 있고 팔에 깃털이 난 수각류 공룡. 오비랍토르의 이름을 땄다.

용각류: 목이 긴 거대한 초식 공룡. 중생대의 대부분의 시기에 걸쳐 살았다.

원시깃털: 단열재 역할을 한 털 같은 구조물. 나중에 깃털로 진화했다.

원시용각류: 트라이아스기와 쥐라기에 살았던 초식 공룡 집단. 용각류의 조상이었다.

원시: 진화의 초기 단계에 있는 것.

위장(위장술): 동물이 주변 환경과 뒤섞여서 몸을 숨기는 방식.

유대류: 덜 발달한 상태로 새끼를 낳아서 어미의 몸에 있는 주머니에 넣어 키우는 포유류.

육기어류: 살집 있는 근육질 지느러미를 지닌 어류 집단. 육기어류는 사람을 비롯한 모든 사지류의 조상이었다.

육식 동물: 다른 동물을 먹는 동물.

람베오사우루스는 7600만 년 전 북아메리카 서부에 살았던 초식성 **하드로사우루스류**였다.

이구아노돈류: 백악기 전기에 흔했던 커다란 초식 공룡.

이크티오사우루스류: 트라이아스기에 출현한 해양 파충류 집단. 현생 돌고래와 비슷한 유선형 몸을 갖고 있었다. 백악기가 끝나기 전에 멸종했다.

익룡: 공룡의 시대에 살았던 비행 파충류. 익룡의 날개는 팔다리 사이에 펼쳐진 넓은 피부로 이루어진다. 아주 거대한 종류도 있었다.

ㅈ

자연선택: 자연에서 생활 조건에 적응하는 생물은 살아남고, 그러지 못한 생물은 저절로 사라지는 일. 진화의 과정이라 할 수 있다.

잡식 동물: 동식물을 다 먹는 동물. 돼지, 쥐, 사람은 잡식성이다.

적응 형질: 생물이 변화하는 자연환경에서 번성하도록 돕는 특징. 적응 형질은 대물림되고 세대를 거치면서 진화한다.

절지동물: 몸마디로 이루어져 있고 단단한 겉뼈대를 지닌 무척추동물. 삼엽충은 멸종한 절지동물이다. 곤충과 거미도 절지동물이다.

정온 동물(항온 동물, 온혈 동물): 바깥 온도에 상관없이 체온이 늘 일정한 동물.

조각류: 골반이 새의 골반과 비슷하고 부리가 있으며 주로 두 발로 걸었던 초식 공룡.

선사 시대의 작은 **영장류**인 에오시미아스는 몸길이가 약 5cm에 불과했다.

쥐라기와 백악기 초에 번성하였다.

조기어류: 약 2만 5,000종의 현생 어류와 많은 선사 시대 어류 종으로 이루어지는 큰 경골어류 집단. 조기어류는 부챗살처럼 뻗은 가느다란 뼈들을 피부가 감싼 형태의 지느러미를 지닌다.

조류: 지배파충류의 후손으로 몸이 깃털로 덮여 있는 척추동물. 부리와 날개가 있고, 두 발로 걷거나 날아다닌다. 정온 동물이며 알로 번식한다.

조상: 더 최근의 종이 진화해 나온 동식물 종.

종: 서로 교배하여 자손을 낳을 수 있는 비슷한 생물들의 집합.

주식두류(마르기노케팔리아): 머리 주위에 장식이 있는 공룡 집단. 뿔을 가진 각룡류와 두꺼운 두개골을 가진 후두류를 포함한다.

중력: 물체를 땅으로 끌어당기는 힘.

중생대: 공룡이 살던 시대를 포함한 시대. 2억 5200만 년 전에 시작되어 6600만 년 전에 끝났다.

지배파충류: 멸종한 공룡과 조류, 익룡, 악어류를 포함하는 파충류 집단. 트라이아스기에 출현했다.

진화: 종이 세대를 거치면서 환경 변화에 맞추어서 서서히 변화하는 과정.

ㅊ

척삭동물: 몸에 유연한 막대 같은 줄이 있는 동물. 척삭은 척추의 초기 형태이다.

척추동물: 머리뼈와 등뼈 같은 경골이나 연골 뼈대를 몸속에 지닌 동물. 어류, 양서류, 파충류, 조류, 포유류는 모두 척추동물이다.

척추뼈: 공룡 같은 동물의 등뼈를 이루는 뼈.

초식 동물: 식물을 먹는 동물.

촉수: 거미와 전갈 같은 일부 무척추동물의 입 주위에 있는 기관으로, 몸마디로 이루어진 팔처럼 생겼다.

침엽수: 잎이 뾰족한 겉씨식물. 씨가 목질 비늘로 감싸인 열매인 구과를 맺는다.

ㅋ

케라틴: 털, 깃털, 비늘, 발톱, 뿔을 만드는 단단한 구조 단백질.

크레오돈트류: 멸종한 육식성 포유류 집단.

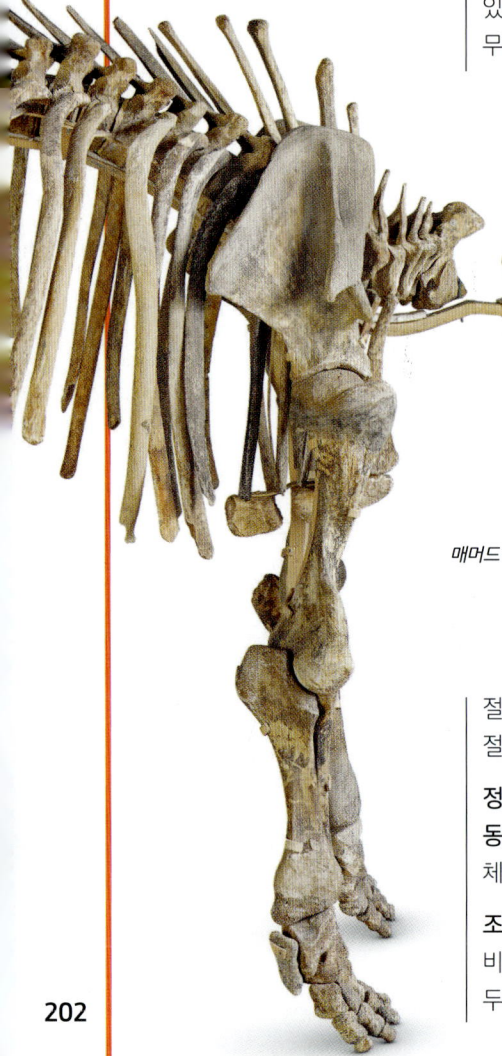

매머드 수컷 새끼의 뼈대다.

키노돈트류: 페름기 후기에 출현한 단궁류의 한 집단(단궁류 참조).

키틴: 곤충을 비롯한 절지동물의 겉뼈대를 이루는 유기 물질.

ㅌ

타조공룡류: 타조처럼 작은 머리, 긴 목, 긴 다리를 지닌 수각류 공룡.

테리지노사우루스류: 백악기와 아마 쥐라기에도 살았을 특이한 모습의 공룡 집단. 머리가 작고, 발이 뭉툭하고 배가 불룩한 키 큰 모습이었다.

퇴적암: 화석이 들어 있는 암석. 물이나 빙하, 바람에 실려 온 것이 쌓여서 만들어진다.

툰드라: 추위에 견디는 키 작은 식물들이 주로 자라는 나무가 없는 지역.

티라노사우루스류: 몸집이 유달리 크고 팔이 짧고 손가락이 두 개인 티라노사우루스와 그 친척들로 이루어진 수각류 집단. 티라노사우루스가 가장 잘 알려져 있다.

티타노사우루스류: 네 발로 걸은 아주 거대한 초식 공룡. 용각류의 일종이었고, 아마 지구 역사상 가장 큰 육상 동물이었을 것이다.

ㅍ

파충류: 현생 파충류는 비늘 피부에 대개 알로 번식을 하는 변온 동물이다. 도마뱀, 뱀, 거북, 악어가 속한다. 공룡과 그 친척들도 파충류였지만, 현생 파충류와 전혀 달랐다.

파키케팔로사우루스류: 돔 모양의 두꺼운 머리뼈를 지닌 두발 공룡 집단.

포식자: 다른 동물을 사냥해서 잡아먹는 동물.

포유류: 체온이 일정하고, 털로 덮여 있고, 새끼에게 젖을 먹이는 동물.

플레시오사우루스류: 지느러미 모양의 발로 헤엄친 대형 해양 파충류. 목이 아주 길고 머리가 작은 종류가 많았다.

플리오사우루스류: 머리가 크고 이빨 난 강력한 턱을 지닌 목이 짧은 플레시오사우루스류.

ㅎ

하드로사우루스류: 오리부리 공룡이라고도 한다. 백악기에 살았던 초식 공룡으로 두 발 또는 네 발로 다닌 커다란 초식 공룡이다. 오리 부리처럼 생긴 부리로 식물을 뜯어 먹었다.

해양 파충류: 물에서 육상으로 진출하는 대신 바다에 적응한 파충류. 바다를 지배하던 거대한 해양 파충류는 백악기 말 대량 멸종 때 사라졌다.

현생: 현재 살아 있는 생물.

홀씨(포자): 종자식물을 제외한 식물. 곰팡이, 많은 미생물이 대량으로 만들곤 하는 미세한 알갱이. 홀씨에서 새 개체가 자란다. 홀씨는 대개 바람이나 물을 통해 퍼진다.

화석: 예전에 살았던 생물의 잔해가 암석에 보존된 것. 피부 같은 부드러운 부위보다 단단한 이빨과 뼈가 화석이 될 가능성이 더 높다.

화석화: 죽은 생물이 화석으로 변하는 과정. 원래의 생물 성분이 광물질로 대체되는 과정이 수반되기도 한다.

*두브레우일로사우루스는 쥐라기에 살았던 말만 한 **수각류**였다.*

*3억 3800만 년 전에 살았으며, 파충류처럼 생긴 이 **척추동물**의 화석은 스코틀랜드 웨스트로디언에서 발견되었다.*

찾아보기

ㄱ

가시 33, 37, 38, 65, 71, 74, 81, 133, 178
꼬리 65, 75, 76, 79, 82, 176, 178
목 81, 83, 98, 100
어깨 74, 81
엄지 84, 85, 125
포유류 179
가지뿔 184~185
갈리눌로이데스 142
갈리미무스 114
갑옷
　공룡 33, 36, 70, 80, 81, 133
　어류 38, 40~41
　포유류 176
　해양 파충류 161
개미 171
거대 초식 동물 183
거미 47, 173
거미불가사리 159
거북 8, 22, 163
게 158, 159
고생대 8, 35, 36
고세균 17
고양이류 186, 188, 189, 191
고제3기 9
곤충 9, 46, 48~49, 171
골편 70, 71, 179
곰 186
곰팡이 42, 43
곰포테리움 183, 188
공룡 11, 21, 24~27, 58~143
　최초 8, 10, 45, 55, 60~61
공포새 142~145
근육 23, 67, 76, 110
　날개 148
　다리 26, 64
글립토돈 176, 179
기간토랍토르 116~117
기라파티탄 65
기후 8, 12, 181, 193
깃털

공룡 27, 93, 114, 117, 121, 122, 126, 132~139, 171
　진화 140
껍데기 12, 32, 158, 160
　포유류 176
　꼬리 76~77, 162~163
　가시 65, 75, 76, 79, 82, 176, 178
　갑옷 80, 176
　곤봉 65, 77
　깃털 116, 117, 127, 133, 136
　어류 38
　익룡 148, 149
　조류 134, 141
　채찍 65, 82
　포유류 176, 192
　해양 파충류 162~163

ㄴ

나무 12, 13, 43, 44~45, 170
나무늘보 176, 177, 179
나비 170
날개
　익룡 148, 149, 150
　조류 136, 137, 141, 143
　포유류 179
남극 대륙 15, 45, 80, 91,104
남세균 8, 17, 19
남아메리카 70, 88, 126
　조류 143, 144,
　포유류 176, 179, 180
네메그토사우루스 70, 71
네발동물(사지류) 22, 161
노래기 9, 43, 46, 47
노토사우루스 160~161, 162
뇌 26, 75, 97, 117, 135
　익룡 148, 150
　인간 197
눈
　곤충 37, 46
　공룡 27, 111, 115, 117
　익룡 149, 150

조류 137
　해양 파충류 164
니게르사우루스 65, 86
니아사사우루스 60, 61
닉토사우루스 154, 155

ㄷ

다르위니우스 15, 196
다리 27, 61, 75, 85, 104, 113, 114, 117
　근육 26, 64, 113, 114
　조류 140
　포유류 187, 194
다스플레토사우루스 103, 109, 110
다켄트루루스 74, 78~79
단공류 175
단궁류 54
달리기
　공룡 83, 84, 104, 115, 117, 124
　보행렬 73
　조류 140, 143
대양 9, 21, 158~167
데본기 9, 21, 38, 44
데이노니쿠스 103, 124, 125, 126, 127
데이노케이루스 114, 115, 119
데이노테리움 194, 195
독일 14, 15, 178
돛 54, 57, 84, 106
두브레우일로사우루스 104~105, 119
둔클레오스테우스 40~41
둥지 13, 14, 92~95, 117, 121, 129
드로마이오사우루스 126~127
드로모르니스 142, 143
드리오사우루스 84, 85
드리오피테쿠스 196
들소 194
디메트로돈 54
디모르포돈 148, 149
디키노돈트류 54, 56
디킨소니아 15, 31
디프로토돈 181, 188, 189
디플로도쿠스 66, 86

ㄹ

람베오사우루스 88, 91
람포린쿠스 148~149
레에드시크티스 158
레페노마무스 174, 175
레피도테스 159
리오자우루스 62, 63
리오플레우로돈 165, 166~167
리트로낙스 102, 103, 111
릴리엔스테르누스 104, 105

ㅁ

마니랍토르류 93, 117, 122
마르기노케팔리아류 24, 25
마멘키사우루스 66
마우소니테스 30

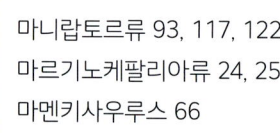
코엘로피시스

에우오플로케팔루스

ㅁ

매머드 189, 192~194
머리뼈
  공룡 61, 69, 71, 83, 90, 96~97, 107, 135
  익룡 155
  조류 145
  포유류 184, 185, 192
  해양 파충류 164, 165
메가네우라 46, 47, 48~49
메가케롭스 182, 184
메가테리움 177
메갈로케로스 184~185, 195
멸종 8, 9, 21, 36, 39
모사사우루스 163, 165
모사사우루스류 163, 165
목 62, 64, 66~67, 68, 69, 114, 122
  익룡 150
  주름장식 83, 98, 99, 101
  해양 파충류 162
목련 170
몸무게 23, 69, 116, 118
  조류 142, 143
몽골 15, 71, 72, 116, 120, 122, 123, 135
무리 73, 89, 99, 102~103
무리 사냥 102~103
무척추동물 8, 22, 159
미국 14, 30, 62, 73, 74, 107, 143, 195
미생물 17, 30, 42
미크로랍토르 137

ㅂ

바다나리 159
바라파사우루스 11, 64
바리오닉스 108, 109, 124
바퀴 47
박쥐 179
발
  공룡 65, 70, 75, 89, 99, 118, 122
  달리기 115
  조류 136
  포유류 177, 194
  해양 파충류 161, 163
발가락
  육식 동물 104, 106, 126
  조류 141, 143
  초식 동물 99, 185
  포유류 186
발굽 75, 99, 186
발자국 13, 72~73, 104, 150, 197
발톱 60, 124~125
  나무타기 126, 136, 149, 196
  날개 140, 141, 149
  달리기 125
  방어 63, 83, 84, 115, 119, 122, 123, 125
  어류 포식자 106
  육식 동물 106, 107, 119, 124, 126, 129, 136, 142, 145
  익룡 149
  조류 136, 140, 142
  파기 117, 125, 135, 176, 179
  포유류 176, 177, 182, 196
방어 33, 38, 82~83
  가시 75, 76, 81, 85, 125, 133
  갑옷 41, 81, 83, 161
  곤충 47
  꼬리 65, 76, 82
  무리 99, 103
  발차기 64
  발톱 63, 83, 84, 115, 119, 123, 124, 125
배설물 13, 111
백악기 9, 11, 21
버제스 셰일 14, 34~35, 37
벌 170
벨렘나이트 159
벨로키랍토르 15, 126, 128~129
  이빨 108, 109
  화석 15, 127, 128
볏
  공룡 85, 88, 89, 90~91, 104, 105, 106, 110, 117
  익룡 148, 150, 151, 154~155
  조류 136, 140
보행렬 71, 72~73
부리 87, 99, 114, 115, 117,
  스테고사우루스류 75
  안킬로사우루스류 81
  이구아노돈류 84
  익룡 155
  조류 141, 143
  파키케팔로사우루스류 96
부이트레랍토르 126, 134
북아메리카 31, 64, 78, 122
  익룡 152
  조류 142, 143
  포유류 176, 182
불가사리 159
브론토메루스 64, 65
비늘 18, 39, 40, 51, 52
  공룡 27, 132, 133
  포유류 178
비단벌레 171
비행 141~142, 149, 179
뼈 27, 50, 61, 69, 195
  꼬리 22, 77, 80
  다리 23, 61, 194
  목 22, 66~67
  발 115, 194
  볏 88, 90, 154
  손 64, 69
  손가락 148, 151, 162
  어류 38, 39, 41
  엉덩이 24, 26, 61
  척추 22, 54, 162, 193
  턱; 머리뼈 참조
  팔 64
뿔 83, 96, 98, 99, 100, 103
  포유류 182, 184~185

ㅅ

사우로펠타 80, 81
사우로파가낙스 107
사우로포세이돈 64, 65
사이카니아 80, 81
산소 19, 49
살타사우루스 14, 68, 69, 92
삼엽충 9, 13, 14, 21, 35, 36~37
상어 22, 38, 39, 41, 159
새끼 89, 92~95, 103
  돌보기 119, 121, 129
  먹이 153
  포유류 175, 180, 181, 192, 194
색깔 76, 90, 98, 133, 154, 155
샨퉁고사우루스 88, 89
석탄기 9, 44, 45, 48, 58
선캄브리아대 8, 15, 30
세균 42, 43
소 185, 194
소르데스 149
소화 27, 63, 81, 87, 177
손 60, 61, 115, 117, 118~119, 126
영장류 196
  육식 동물 105, 119, 124
  초식 동물 83, 118, 119, 125
수각류 25, 104~105
  깃털 27, 93, 117, 122, 132, 134
  꼬리 77, 123, 127
  달리기 107

205

찾아보기

발자국 73
볏 91
알 93
이빨 108, 110
수코미무스 106
수페르사우루스 82
숲 8, 10, 13, 43, 44
스밀로돈 187, 188~189, 190~191
스카프그나투스 148
스켈리도사우루스 80, 81
스쿠토사우루스 52, 53
스테고사우루스 67, 74~75, 79
스테고사우루스류 25, 74~75, 78
스테노니코사우루스 93
스테타칸투스 38~39
스트로마톨라이트 17, 18~19
스트루티오미무스 83, 109, 114
스티라코사우루스 83, 100~101
스프리기나 31
스피노사우루스 15, 76, 106
스피노사우루스류 106
시노델피스 175
시노르니토사우루스 119, 126
시노사우롭테릭스 15, 76, 77, 132, 133
시조새(아르카이옵테릭스) 137, 138~139
화석 14, 20, 21
식물 9, 12, 13, 42~45, 170, 171
신생대 8, 15, 171
신제3기 9
실루리아기 9

씨 43, 45, 170, 171

ㅇ

아노말로카리스 32
아르마딜로 176, 179
아르카이안투스 170, 171
아르카이옵테리스 43
아르카이옵테릭스 137, 138~139
아르헨티나 14, 62, 69, 140, 143, 181
아리조나사우루스 56~57
아마르가사우루스 65, 67
아스트라스피스 38
아시아 80, 88, 194
아틀라사우루스 118
아파토사우루스 65, 73, 107, 124
아프리카 15, 31, 70, 74, 185
초기 인류 197
악어류 22, 55
안킬로사우루스 80~81
안킬로사우루스류 25, 77, 80~81, 82, 87
알 8, 52, 92~93
양서류 50
포유류 174
화석 14, 92, 93, 116, 119, 121
알로사우루스 14, 79, 107, 124
알사우루스 11, 82, 83, 123
암모나이트 12, 158, 159
암펠로사우루스 70, 71
양서류 9, 23, 50~51
어류 9, 38~41, 50, 106, 158

엄니 182, 183, 188, 189, 192, 193, 195
에드몬토니아 132~133
에드몬토사우루스 86, 87, 88, 132
에오랍토르 14, 60, 61
에오시미아스 196
에우디모르포돈 149
에우오플로케팔루스 77, 82, 118
엘라노닥틸루스 150
엘라스모사우루스 164, 165
엘라스모테리움 185, 194~195
연체동물 8, 159
영국 30, 84
영장류 196
오르니토미모사우루스류 114~115
오르니톨레스테스 134~135
오르도비스기 9, 21
오비랍토르 93, 116, 117, 125
오비랍토르사우루스류 116~117
오토이아 33
오파비니아 33, 35
왈키아 44, 45
용각류 25, 64~65, 67
꼬리 76, 77
목 64, 65, 66, 67
무리 102
발 118
알 14, 92, 93
이빨 86
용각형류 24, 25
용반목(용반류) 24
원시용각류 62~63
웜뱃 181, 188
위장(소화 기관) 27, 64, 85
위장(위장술) 20, 50, 56, 63, 181
유대류 180~181, 189
유라베나토르 132
유럽 46, 63, 70, 74, 78, 88, 139, 194, 199
유인원 196
육식 동물 10, 60, 67, 104~117, 126~29, 134~135
무리 102~103
발톱 124, 125

소화 27
손 118, 119
이빨 108~109
익룡 152~153
조류 142~45
팔 118, 119
포유류 186~187
의사소통 89, 90, 102
이구아노돈류 84~85
이구아노돈 72, 84~85, 87, 106, 118
이빨
물고기를 먹는 공룡 106, 108, 127, 141, 148, 160
육식 공룡 54, 60, 107, 108~109, 110
초식 동물 86~87
포유류 188~189
해양 파충류 160, 161, 164, 165, 166
이크티오사우루스류 160, 161, 162, 163, 164
익룡 21, 22
인간(인류) 171, 176, 196~199
인도 64, 70, 74

ㅈ

잠자리 46, 48
장순류 25
전갈 46, 47, 172, 173
절지동물 8, 36, 46~47
제4기 9
조각류 24, 25, 84
조류 8, 9, 21, 26, 55, 172
조반목(조반류) 24, 67
주름장식 83, 98, 99, 101
중국 15, 63, 74, 93, 94, 114, 122, 126, 132
중생대 8, 12~13
식물 170
포유류 175
해양 생물 158~159, 166
쥐라기 8, 11, 24
지느러미 38, 39, 40, 41, 50, 51
지느러미발 161~163, 165, 167
지렁이 33, 46, 175

파라사우롤로푸스

206

지배파충류 24, 55, 57, 60~61, 161
진화 8, 19, 20~21, 22
　깃털 140

ㅊ

척추동물 22~23, 38, 39
초식 동물 68~71, 74~75, 79, 80~81, 83, 84~89, 96~99, 102
　발톱 124, 125
　손 118, 119, 125
　턱 122
　팔 118, 119
　포유류 182~83
촉수 33, 159

ㅋ

카르니아 30, 31
카마라사우루스 64, 87
카스모사우루스 99, 103
카우딥테릭스 76, 77, 116, 117
카우페닥틸루스 150
카이홍 133
칼이빨 180, 187, 188, 190~191
캄브리아기 8, 14, 32
캄브리아기 대폭발 8, 33
캄필로그나토이데스 149
캐나다 14, 33, 34, 37, 96
캥거루 181
케라토사우루스 78, 79
케라톱스류 25, 86, 95, 98~99
케아라닥틸루스 150, 151
케찰코아틀루스 151, 152~153
켄트로사우루스 15, 74, 82, 83, 102
켈렌켄 144~145
코끼리 182, 183, 194
코리토사우루스 77, 89, 90, 102
코뿔소 189
코엘로피시스 14, 66, 67, 73, 104, 105
콘푸키우소르니스 140, 141
크레오돈트류 186, 187
크리올로포사우루스 15, 91, 104

키노돈트류 55
키티파티 117, 118, 119, 120~121

ㅌ

타르 구덩이 195
타페자라 150, 151
탈라루루스 80
탈라소드로메우스 154
태반류 175
턱 126
　육식 동물 108, 109, 111
　초식 동물 87, 88
　포유류 186, 187, 189
　해양 파충류 165
털 178, 179, 193, 194
테논토사우루스 84, 85, 103
테리지노사우루스 122~123, 125
테리지노사우루스류 122~123
투구게 161
투판닥틸루스 155
트라이아스기 8, 10, 14, 21
트리브라키디움 31
트리케라톱스 14, 98, 99, 112
티라노사우루스 26~27, 67, 109, 110, 111, 112~113
티라노사우루스류 109, 110~111, 115, 119
티타노사우루스류 68~71, 72, 93, 153
틸라키누스 180~181

ㅍ

파라사우롤로푸스 89, 90
파라케라테리움 183
파충류 8, 52~53, 55
　공룡 8, 10, 11, 21, 24~27, 45, 55
　익룡 8, 148~155
　해양 8, 21, 53, 160~167
파키케팔로사우루스 83, 96, 97
파키케팔로사우루스류 25, 96~97
파타고티탄 23, 68~71, 76
파타곱테릭스 140, 141
판게아 10, 11

스밀로돈

팔 63, 64, 65, 107, 110, 118~119, 126,
　포유류 177
페름기 9, 21
펜타케라톱스 98
포스토수쿠스 55
포유류 174, 178
포유류 8, 9, 54, 55, 168~199
푸에르타사우루스 70, 71
프랑스 84
프로토스테가 163
프시타코사우루스 87, 94~95, 98, 133
프테라노돈 150~151, 155
프테로닥틸루스 154
플라케리아스 12, 54
플라코두스 160, 161
플라테오사우루스 63, 125
플레시오사우루스 162
플레시오사우루스류 165, 167
플로리산티아 171
플리오사우루스류 164, 165, 166
피부 70, 88, 90, 132, 133
　익룡 148, 154
　포유류 179
피카이아 38, 39

ㅎ

하드로사우루스류 87, 88~89, 90, 91, 93, 118
하체곱테릭스 151, 155

헤레라사우루스 108
헤테로돈토사우루스 82, 83, 109, 118
호말로케팔레 96, 97
호박 13, 77, 172~173
호주(오스트레일리아) 15, 18, 31, 85, 143
　유대류 180, 181
화석 12~15, 46, 47, 172~173
　곤충 170, 171, 172, 173
　깃털 15, 21, 132, 133, 173
　머리뼈 165
　발자국 13, 72~73, 197
　비늘 159
　뼈층 14, 102
　식물 13, 171
　알 14, 92~93, 120~121
　어류 13, 159
　용각류 64
　원시용각류 62, 63
　위장 106, 175, 196
　조류 172
　종류 12~13
　진화 20, 21
　최초의 공룡 61
　최초의 동물 30~34, 36
　포유류 178, 179, 195
　호박 13, 77, 172~173
후아양고사우루스 74, 76
히아이노돈 186, 187

도판 목록

The publisher would like to thank the following people for their help with making the book: Priyanjali Narain for editorial assistance; Rabia Ahmad, Meenal Goel, and Mahua Mandal for design assistance; Charlotte Webb for proofreading; and Carron Brown for indexing.

With special thanks to illustrator James Kuether

The publisher would like to thank the following for their kind permission to reproduce their photographs:

(Key: a-above; b-below/bottom; c-centre; f-far; l-left; r-right; t-top)

2-3 Getty Images: Ira Block / National Geographic. 4 123RF.com: Nicolas Fernandez (l). 5 James Kuether: (br). 6 123RF.com: Corey A Ford / Dorling Kindersley: American Museum of Natural History (tl). 7 Alamy Stock Photo: Stocktrek Images, Inc. (tr, br). Nobumichi Tamura: (bc). 8 Dorling Kindersley: Lynton Gardiner / The American Museum of Natural History (cr). James Kuether: (cl, cb). Science Photo Library: Sinclair Stammers (bl). 9 123RF.com: Corey A Ford (clb). Dorling Kindersley: Jon Hughes (c); Oxford Museum of Natural History (bl); Harry Taylor / Hunterian Museum University of Glasgow (tr). James Kuether: (cla). 10 James Kuether: (cb). 11 123RF.com: dottedhippo (b). 13 Alamy Stock Photo: PjrStudio (cb). Dorling Kindersley: Courtesy of Dorset Dinosaur Museum (tl). Dreamstime.com: Marcio Silva / Mbastos (r). Sinclair Stammers / Natural History Museum, London (cr); Sinclair Stammers (bl). 14 Dorling Kindersley: Lynton Gardiner / The American Museum of Natural History (tl). James Kuether: (c). 15 Getty Images: De Agostini Picture Library (cr). James Kuether: (cb, tr, clb, b). 16 Science Photo Library: TAKE 27 LTD. 17 Dorling Kindersley: Harry Taylor / Hunterian Museum University of (br). Dreamstime.com: Derekteo (tr). Science Photo Library: Henning Dalhoff (cr, cb, ca). 18-19 Alamy Stock Photo: BIOSPHOTO. 20 123RF.com: Ilona Sapozhnikova (bl). 20-21 Getty Images: James L. Amos (c). 22 Alamy Stock Photo: Juniors Bildarchiv GmbH (bl). 22-23 Dorling Kindersley: Senckenberg Gesellschaft Für Naturforschung Museum (t). 23 Nobumichi Tamura: (br). 24 James Kuether: (c, br). 25 James Kuether: (cla, crb). 28-29 Masato Hattori. 30 Alamy Stock Photo: The Natural History Museum (cb). Science Photo Library: Dr. Gilbert S. Grant (tr). 30-31 Science Photo Library: Chase Studio (b). 31 123RF.com: Nicolas Fernandez (tl). Getty Images: De Agostini Picture Library (bc). Science Photo Library: Frans Lanting, Mint Images (tr). 32 James Kuether: (tl). 33 Alamy Stock Photo: National Geographic Creative (r). James Kuether: (bl). Nobumichi Tamura: (ca). 34-35 Alamy Stock Photo: All Canada Photos. 36 Alamy Stock Photo: National Geographic Creative (br). 37 Dorling Kindersley: Oxford Museum of Natural History (r). 38 Masato Hattori: (ca). James Kuether: (t). Nobumichi Tamura: (br). 39 James Kuether: (cra). Science Photo Library: Millard H Sharp (cb). 40 Alamy Stock Photo: Sabena Jane Blackbird (tr). James Kuether: (tl). Nobumichi Tamura: (br). 40-41 James Kuether: (c). 41 123RF.com: Linda Bucklin (tr). Corey A Ford (b). Getty Images: Stocktrek Images (bc). iStockphoto.com: Warpaintcobra (crb). 43 Masato Hattori: (tl). 44 123RF.com: Corey A Ford (l). Dorling Kindersley: Oxford Museum of Natural History (tc); Oxford Museum of Natural History (bl). 45 123RF.com: Corey A Ford (cr). Dorling Kindersley: Colin Keates / Natural History Museum, London (bc). 46 123RF.com: Corey A Ford (c). Alamy Stock Photo: Corbin17 (tr); The Natural History Museum, London (bc). 47 Alamy Stock Photo: Sabena Jane Blackbird (tr); The Natural History Museum, London (tl). Getty Images: Markus Matzel / ullstein bild (br). Science Photo Library: Gilles Mermet (bl). 48-49 Studio 252MYA: Lucas Lima. 50 James Kuether: (b). Science Photo Library: Pascal Goetgheluck (clb). 51 iStockphoto.com: scigelova (c). James Kuether: (b). Nobumichi Tamura: (cra). 52-53 James Kuether: (ca). 52 Dorling Kindersley: John Holmes – modelmaker / Natural History Museum, London (b); Harry Taylor / Natural History Museum, London (tr). 53 Dorling Kindersley: Institute of Geology and Palaeontology, Tubingen, Germany (c). 54 James Kuether: (b). 55 James Kuether: (b). 56-57 Getty Images: Arthur Dorety / Stocktrek Images. 58-59 James Kuether. 60 James Kuether: (cl). Nobumichi Tamura: (b). 60-61 James Kuether: (c). 61 Nobumichi Tamura: (tl, br). 62 James Kuether: (cr, bl). 63 Nobumichi Tamura: (bc). 64 123RF.com: Mark Turner (cr). Alamy Stock Photo: ZUMA Press, Inc. (tl). James Kuether: (bc). 65 123RF.com: Mark Turner (tr, c). Nobumichi Tamura: (tl). 66 123RF.com: Mark Turner (b). James Kuether: (bc). 67 James Kuether: (cl). Nobumichi Tamura: (tl). 69 James Kuether: (t). 70 James Kuether: (tl). 71 James Kuether: (bc, tr). 72-73 Alamy Stock Photo: robertharding (c). Getty Images: milehightraveler (bc). 72 James Kuether: (bl). Reuters: David Mercado (b). Science Photo Library: University Corporation for Atmospheric Research (clb). 73 Alamy Stock Photo: Carver Mostardi (bc); Jill Stephenson (crb). James Kuether. 74 123RF.com: leonello calvetti (b). James Kuether: (cl). 75 123RF.com: Corey A Ford (b). Dorling Kindersley: Colin Keates / Natural History Museum, London (br). Science Photo Library: Jose Antonio Penas (t). 76 James Kuether: (bl, clb, br). 77 Dorling Kindersley: Lynton Gardiner / The American Museum of Natural History (br). James Kuether: (crb). Dr Lida XING: (tl).

78-79 Science Photo Library: Jose Antonio Penas. 80 123RF.com: leonello calvetti (bl). Alamy Stock Photo: Stocktrek Images, Inc. (br). James Kuether: (tl). 81 123RF.com: Corey A Ford (tr). 82 James Kuether: (c). 83 Dorling Kindersley: American Museum of Natural History (tr). James Kuether: (cr). 84 James Kuether: (tl, tr). 84-85 James Kuether: (c). 85 Dreamstime.com: Tonny Wu (br). 86 Dorling Kindersley: Colin Keates / Natural History Museum, London (ca); Oxford Museum of Natural History (bc). Getty Images: Bill O'Leary / The Washington Post (tr). James Kuether: (tc, clb, c, bl). 87 123RF.com: Athikhun Boonrin (clb). Dorling Kindersley: Robert L. Braun (br); Colin Keates / Natural History Museum, London (cl, c); Courtesy of Dorset Dinosaur Museum (cla). 88 James Kuether: (t, bl). 89 123RF.com: Corey A Ford (br). Dorling Kindersley: Royal Tyrrell Museum of Palaeontology, Alberta, Canada (tl). Masato Hattori: (bl). 90 123RF.com: chastity (bc). 91 Nobumichi Rosskothen (br). Alamy Stock Photo: CGEIv Austria / Elvele Images Ltd (bc). 91 123RF.com: Corey A Ford (cra). Getty Images: Ira Block / National Geographic (cr). 92 123RF.com: leonello calvetti (tr). Dorling Kindersley: Courtesy of Dorset Dinosaur Museum (tc); John Downs / John Holmes – modelmaker / Natural (cra). 93 Dorling Kindersley: Colin Keates / Natural History Museum, London (cra); State Museum of Nature, Stuttgart (br). Masato Hattori. Nobumichi Tamura: (cb, bl). 94-95 Alamy Stock Photo: John Cancalosi, 96 123RF.com: Corey A Ford (bc). Alamy Stock Photo: Oleksiy Maksymenko Photography (br). James Kuether: (bl). Nobumichi Tamura: (tc). 96 Dorling Kindersley: Royal Tyrrell Museum of Palaeontology, Alberta, Canada (c) 97 James Kuether: (tr). Nobumichi Tamura: (tl). 97 Dorling Kindersley: Peter Minister and Andrew Kerr (b) 98 James Kuether: (cl, br). 99 James Kuether: (tr, bc, tl). 100-101 Alamy Stock Photo: MasPix, 102 James Kuether: (c). 103 Alamy Stock Photo: Mohamad Haghani (cr). Getty Images: Stocktrek Images (br). James Kuether: (bc). 104 James Kuether: (t). 105 Alamy Stock Photo: CGEIv Austria / Elvele Images Ltd (br). Masato Hattori: (tr). James Kuether: (tl). 106 James Kuether: (tr, cr, cl, cb, bl). 107 Dorling Kindersley: Lynton Gardiner / The American Museum of Natural History (cl). James Kuether: (tr, br). 108 Alamy Stock Photo: AA World Travel Library (cr). James Kuether: (cb, tr, cra). Dorling Kindersley: Natural History Museum, London (ca, br) 109 Getty Images: Crazytang (tr). James Kuether: (cr, cb). Dorling Kindersley: Colin Keates / Natural History Museum, London (bc), Oxford Museum of Natural History (r), Royal Tyrrell Museum of Palaeontology, Alberta, Canada (cla) 110 James Kuether: (tl, br, cr, bc). 111 Dreamstime.com: Shutterfree (c). James Kuether: (tr, bl, bl). 112-113 Getty Images: (background). 114 © cisiopurple / cisiopurple.deviantart.com: (tl). 115 Alamy Stock Photo: Xavier Fores – Joana Roncero (tr). James Kuether: (c). Nobumichi Tamura: (c). 115 Dorling Kindersley: Royal Tyrrell Museum of Palaeontology, Alberta, Canada (tl) 116 © cisiopurple / cisiopurple.deviantart.com: (c). 116-117 © cisiopurple / cisiopurple.deviantart.com: (cr). 117 © cisiopurple / cisiopurple.deviantart.com: (cr). Masato Hattori: (tr). Nobumichi Tamura: (br). 118 James Kuether: (bl, br). 119 Alamy Stock Photo: The Natural History Museum (bb). James Kuether: (tr, bl). 120-121 Alamy Stock Photo: Larry Geddis (background). 122 Nobumichi Tamura: (bl). 122-123 © cisiopurple / cisiopurple.deviantart.com. 123 © cisiopurple / cisiopurple.deviantart.com: (br). James Kuether: (tr). 124 Getty Images: Walter Geiersperger / Corbis (cr). James Kuether: (bc, br). 125 James Kuether: (tl). Science Photo Library: Dirk Wiersma (ca/claw). 126 Alamy Stock Photo: Stocktrek Images, Inc. (bl). James Kuether: (tl). 126-127 James Kuether: (c). 127 Nobumichi Tamura: (tr). 128-129 James Kuether. 130-131 Alamy Stock Photo: Stocktrek Images, Inc.. 132 Dorling Kindersley: Courtesy of Dorset Dinosaur Museum (br). James Kuether: (bl, crb). 133 Dorling Kindersley: Colin Keates / Natural History Museum, London (tc); Senckenberg Gesellschaft Für Naturforschung Museum (cr). The Field Museum: © Velizar Simeonovski, The Field Museum, for the UT Austin Jackson School of Geosciences. (tr). Getty Images: Bernard Weil / Toronto Star (cl). 134 123RF.com: (cr). Alessandro Zocchi (cr). Alamy Stock Photo: Stocktrek Images, Inc. (bl). Getty Images: John Weinstein / Field Museum Library (c). 135 123RF.com: Elena Duvernay (br). Corey A Ford (cl). Alamy Stock Photo: Stocktrek Images, Inc. (bc). Science Photo Library: juliu (t). 136 Alamy Stock Photo: Mohamad Haghani (l). Stocktrek Images, Inc. (tr). 137 Getty Images: Spencer Platt (bl). James Kuether: (tr). 140 Chen Yu: (br). Science Photo Library: Jaime Chirinos (tl, tr); Mikkel Juul Jensen (bl). 141 Getty Images: Daniel Eskridge / Stocktrek Images (br). Nobumichi Tamura: (tl). 142 James Kuether: (bc). Science Photo Library: Jaime Chirinos (l); Millard H Sharp (br). 142-143 Getty Images: Stocktrek Images, Inc. (c). 143 James Kuether: (br). Science Photo Library: (br); Jaime Chirinos (tc, tr). 144-145 123RF.com: Corey A Ford. 146-147 James Kuether. Alamy Stock Photo: Stocktrek Images, Inc. 148 Alamy Stock Photo: Daniel Borzynski (br); Natural Visions (bl). Science Photo Library: Mark P. Witton (tl). 149 Alamy Stock Photo: Archive PL (t). Masato Hattori: (br, bl). 150 Getty Images: Sergey Krasovskiy (tl, bl). Nobumichi Tamura: (br). 150-151 123RF.com: Mark Turner (c). 151 Alamy Stock Photo: Stocktrek Images, Inc. (bc). Getty Images: Sergey Krasovskiy (tr, cr). 154 Alamy Stock Photo:

National Geographic Creative (bl). Getty Images: Antonio Scorza / AFP (tr). James Kuether: (tl). 154-155 Alamy Stock Photo: dpa picture alliance (bc). 155 Getty Images: Sergey Krasovskiy (br). James Kuether: (tr). Nobumichi Tamura: (cr). 156-157 Masato Hattori. 158 123RF.com: kampwit (bc). Science Photo Library: Millard H Sharp (bl). 159 Dorling Kindersley: Senckenberg Gesellschaft Für Naturforschung Museum (br). 160 Masato Hattori: (bl). James Kuether: (tl). Nobumichi Tamura: (tr). 161 123RF.com: Michael Rosskothen (cr). Dorling Kindersley: Jon Hughes (tr). James Kuether: (bl, cla). 162 123RF.com: Corey A Ford (tl). Dorling Kindersley: Colin Keates / Natural History Museum, London (ca). James Kuether: (tr, cr, bl, br). 163 Alamy Stock Photo: Scott Camazine (ca). James Kuether: (b, tl). 164 123RF.com: Corey A Ford (bl); Eugen Thome (br). Dorling Kindersley: Gary Kevin / Bristol City Museum and Art Gallery (cl). James Kuether: (tr, br). 165 iStockphoto.com: dottedhippo (cr). James Kuether: (tr, cl). 166-167 Science Photo Library: Jaime Chirinos. 168-169 Getty Images: Stocktrek Images. 170 Alamy Stock Photo: The Natural History Museum (br, bl). Rienk de Jong. 171 Depositphotos Inc: Pshenichka (b). Science Photo Library: BARBARA STRNADOVA (b). Senckenberg (cl, tr). 172 Getty Images: The Image Bank (tl); Dr Lida XING: (bl). 173 Alamy Stock Photo: John Cancalosi (br); PjrStudio (tl). Getty Images: Lonely Planet Images (cr). Courtesy Dr Enrique Peñalver and Ricardo Pérez de la Fuente (br). 174 Masato Hattori: (b). Science Photo Library: Michael Long (cr). 175 Alamy Stock Photo: Magdalena Rehova (cr). Getty Images: Peter Minister and Andrew Kerr / Dreamstime.com: (tl). 176 123RF.com: William Roberts (t). Getty Images: Roman Garcia Mora / Stocktrek Images (c). 176-177 Alamy Stock Photo: (c). 177 Alamy Stock Photo: Mauro Toccaceli (r). James Kuether: (cra). Science Photo Library: Roman Uchytel (tr). 178 123RF.com: Thittaya Janyamethakul (tr). Dorling Kindersley: Harry Taylor / Natural History Museum, London (bl). Nobumichi Tamura: (ca, c). Nobumichi Tamura: (tr). 179 Alamy Stock Photo: The Natural History Museum (tr); Gianni Muratore (tc). Depositphotos Inc: heavyrobbie (br). Dorling Kindersley: Harry Taylor / Natural History Museum, London (ca). Nobumichi Tamura: (tr). 180 Alamy Stock Photo: Gerry Pearce (bc). Science Photo Library: Jaime Chirinos (l); Julius T Csotonyi (cr). Roman Uchytel (r). 181 Science Photo Library: Mauricio Anton (bl); Michael Long (tr). Roman Uchytel: (br). 182 123RF.com: Mark Turner (bl). James Kuether: (tr). Nobumichi Tamura: (br). 183 Dorling Kindersley: Natural History Museum, London (tr). James Kuether: (tl). Nobumichi Tamura: (bl). 184 123RF.com: Corey A Ford (tc); Mark Turner (ca). Alamy Stock Photo: Roberto Nistri (tl): Stocktrek Images, Inc. (bc). Dorling Kindersley: Harry Taylor / Natural History Museum, London (bl, cra). 185 123RF.com: Derrick Neill (br). James Kuether: (tr, bc, cra). 185 Dorling Kindersley: Harry Taylor / Natural History Museum, London (bl) 186 Dorling Kindersley: Natural History Museum, London (cl). James Kuether: (br). Science Photo Library: Mauricio Anton (br); Roman Uchytel (br). 187 James Kuether: (br). Science Photo Library: Roman Uchytel (tl, cra). 188 Alamy Stock Photo: Roberto Nistri (tl). Dorling Kindersley: Colin Keates / Natural History Museum, London (bc). James Kuether: (tr). Science Photo Library: Mauricio Anton (bl). 188-189 Alamy Stock Photo: Robert Malone (cr). 189 Alamy Stock Photo: PLG (bc). Dorling Kindersley: Jon Hughes (cb). Harry Taylor / Natural History Museum, London (tr). 190-191 Science Photo Library: Roman Uchytel. 192 Dorling Kindersley: Jon Hughes (bl). 194 Alamy Stock Photo: Stocktrek Images, Inc. (tc). 195 123RF.com: Steven Cukrov (br). Alamy Stock Photo: Stocktrek Images, Inc. (bl). James Kuether: (tl, r). 196 James Kuether: (b). 197 Alamy Stock Photo: Cro Magnon (bl); Martin Shields (tr). Dorling Kindersley: Oxford Museum of Natural History (br/Homo ergaster, br/Homo heidelbergensis, br/Homo sapiens); Harry Taylor / Hunterian Museum University of Glasgow (tc). Science Photo Library: Philippe Plailly (tl). 198-199 Alamy Stock Photo: Hemis. 201 James Kuether: (br). 207 James Kuether: (tr)

Cover images: Front: 123RF.com: Corey A Ford bl/ (Meganeura); Alamy Stock Photo: Mohamad Haghani fclb/ (Yi qi), National Geographic Creative tl, Stocktrek Images, Inc. bl/ (Titanis); Chen Yu: cra/ (Hongshanornis); Dorling Kindersley: Jon Hughes crb/ (Mixosaurus), Senckenberg Gesellschaft Für Naturforschung Museum tc; Dreamstime.com: Anetlanda ca/ (Scorpion), Tonny Wu tr/ (Mantellisaurus); Getty Images: Walter Geiersperger / Corbis cb/ (Therizinosaurus hand claw); Science Photo Library: Pascal Goetgheluck cb/ (Eryops); Back: Depositphotos Inc: CoreyFord clb; Dorling Kindersley: John Holmes – modelmaker / Natural History Museum, London cra/ (Westlothiana), Natural History Museum, London br, Oxford Museum of Natural History cla/ (Alethopteris), fcra/ (Selenopeltis); Nobumichi Tamura: tl; Spine: Dorling Kindersley: American Museum of Natural History.

All other images © Dorling Kindersley
For further information see: www.dkimages.com